JN162714

昼、介護職。
夜、デリヘル嬢。

家田荘子
Ieda Shoko

ブックマン社

はじめに

最初に断っておくが、介護職の女性なら誰でもデリヘル嬢をしていると、言っているのではない。ではなぜ、このようなタイトルの本を書いたのかというと、介護の本当の現場を知ってもらいたかったからだ。

昼間は介護の仕事をしながら、夜はデリヘル嬢をしなくてはならないという現実が、なぜ一部の介護職員の間で起こっているのか。それでもなぜ、彼女たちは、介護職を続けているのか。そして今、介護の現場で、利用者さんと介護士の間にどんなことが起こっているのか。介護保険を施行した国会議員にも、そして介護保険を払っている国民、また、介護を受けている人々の家族にも、ぜひとも現場を知っておいてもらいたかったからだ。

一九六三年、老人福祉法が制定され、高齢者福祉政策が始まった。特別養護老人ホーム（特養）が創立されたのもこの年だった。一九六〇年、高齢化率（六五歳以上人口が総人口に占める割合）は、まだ5．7％だった。

一九七〇年代に入ると、老人医療無料化によって老人医療費の増大が問題になった。そのため一九八〇年代に老人医療費の一定額負担が導入されたが、福祉施設不足のため病院に入院する「寝たきり老人」の社会的入院問題が勃発した。社会的入院とは、医学的には入院の必要がなく、在宅での療養が可能であるにもかかわらず、家庭の事情や引き取り拒否により、病院で生活をしている状態のことを指す。また、高齢者の寝たきりや、精神障がい者の慢性的な長期入院、後遺症などによって入院が続く状態のことを言うこともある。

一九九〇年代にかけて高齢化率は増える一方で、いよいよ二桁台へ突入する。

そこで一九九七年、高齢者を支え合う仕組みとして、介護保険法が成立する。そのとき高齢化率は、14・5％にも増えていた。三年後の二〇〇〇年にようやく介護保険法が施行されたが、高齢化率はすでに17・3％に達していた。

そして二〇一五年一〇月、高齢化率は26・7％に至っている。総務省によると、高齢者人口は三三九二万人。総人口に占める割合は、この年、過去最高となった。高齢化率は、これからもますます上がり続けることは間違いない。

初めて私が、介護保険料の請求書（収入により額は違う）を受け取ったとき、大きな不安を感じた。毎月一万円近い高額な介護保険料を払わされ続けても、将来、十分な介護を優先的に受けられる保証はない。むしろ私に介護が必要になるとき、施設や介護士さん、そして自分のお金不足で介護が受けられないのではないか？　など、先への心配が、どんどん膨らんでいった。生命保険会社の商品のように、将来の自分の介護のために保険料を払うのではなく、今、介護を必要とする人々のために、毎月介護保険料を払っていかなくてはならないことに、納得しなくてはいけないけれども、不条理さや不平等さを感じたのを覚えている。

あれから十六年。毎月支払うことに慣らされたとはいえ、今も納得は決してできていない。国民一人一人が支払っているにもかかわらず、介護を受けるほうにも介護をしてくださる職員のほうにも、十分に反映されていないと言わざるを得ない。また、国会で決めたことなのに、国が介護全般に対して本気で重要視しているとは、介護の現状からはとても思えないのだ。高い給料とボーナスと年金、その他で、将来もお金と世話をしてくれる人に恵まれている国会議員と、私たち国民の間には、天と地ほどの差がある気がしてならない。

厚生労働省によると二〇一五年十一月末現在、要介護（要支援）認定者数は、六一八万八五九九人。対する介護職員が、一七一万人（平成二七年度、三菱総研調べ）で、二〇二五年度には約三八万人の介護職員不足が見込まれている。

二〇一三年四月、安倍晋三首相は、「日本で最も生かしきれていない人材は女性」と発言し、「アベノミクス」成長戦略として、女性が輝ける社会づくりを推進し始めた。それは、働きたい女性と働いている女性にとって、とても思いやりある政策のように感じられた。

アベノミクスには、経済再生のために「大胆な金融政策」「機動的な財政政策」「成長戦略」という「三本の矢」がある。この「成長戦略」の中に、「女性が輝く日本」を作るための三政策が立てられたのだ。それが「待機児童の解消」「職場復帰・再就職の支援」「女性役員・管理職の増加」である。

さらに二〇一五年、安倍首相が新たに立てたのが、「GDP(国内総生産)六百兆円」「希望出生率1・8の実現」「介護離職ゼロ」、そして「待機児童ゼロ」といった四つの柱だった。待機児童四十万人分の保育の受け皿を確保することに関しては、働くママたちの強い訴えや活動もあり、最近では、いよいよ真摯に国も動かざるを得ない状況に追い込まれつつある。

「介護離職ゼロ」については、特別養護老人ホーム(特養)の増設と大幅な整備をすることによって、働きざかりの男女を親の介護のために離職するのを避けるという方針だそうだ。しかし、特養の入所待機者は、保育待機児童の四十万人よりさらに多く、二〇一四年度で五二・四万人。その数はますます増えているし、増大する一方である。

総務省統計局の発表によると、二〇一六年四月一日現在、日本の総人口は一億二六九八万人。うち約三四三五万人もが六五歳以上の高齢者なのである。団塊の世代が七五歳以上になる二〇二五年には、介護職員が二五三万人も必要とされている。ところがその年、六五歳以上の高齢者は三六五七万人に上ると予想されているので、このままでは三八万人もの介護職員が不足すると危惧されている。驚いたことに、二〇一七年度には二〇八万人の介護職員が必要とされているが、すでに一二万人もの介護職員が不足している。

介護職員の年齢にも特徴が見られる。男性訪問介護職員は、四十歳未満が主流だが、女性については介護のいずれの職種も四十歳以上が過半数を占めているという現実である。

なぜこういう結果が出てくるのか。もしかして私たちは、その理由を見ようとしていないのか、あるいは知らないのではないか。自分や家族にも必ず関わることなのに、介護のことは、介護の業界に任せっ放しという現状は、国に対してだけでなく、「一億人の空々しさ」さえ感じる。

また介護の現場でも、臭いものに蓋をするように現実を隠し、「理由を問わず、去る者は追わず」というわけで、問題を解決して学習し、是正することを重視していないのではないだろうか。人員不足であまりに忙しく、問題解決の時間さえ惜しいという切羽詰まった状況にあるのかもしれない。人手不足を補うために間口を広げ、採用する介護職員のレベルを下げていかざるを得ない施設もある。こんなことをしていれば、プロフェッショナルな仕事をしている介護職員に、どんどん負担を掛けていくことにもなる。介護の現場でいろいろな問題や事件が起こるのは、私たちが知らない部分にも原因があるように思える。

私の疑問は湯水のように湧き上がってきた。そこで三年前、介護職に携わる全国の多くの女性への取材が始まった。

風俗を取材すると、今の日本の縮図が見えてくる。だから私は、作家になる前、取材記者の時代から今日まで、ずっと風俗も取材し続けてきた。多くの介護職の女性を取材してきた中で、この本では最終的に風俗と関係している介護職の女性に絞らせてもらったのも、今の日本に起こっている一面が見えてきやすいという理由からだった。

その結果、特に目立って見えてきたのが介護職の賃金の安さ、介護職の地位の低さ、そして利用者さんたち高齢者の性欲だった。私は、介護保険が施行された年から「プラチナ世代の愛と性」に注目し取材をしてきたが、「高齢者の性は気持ち悪い」と、何社もの出版社に連載も出版も断られ続けてきた（＊プラチナ世代とは、シルバー世代に代わる言葉として、アクティブな高齢者を指す言葉。作家の故渡辺淳一氏による造語）。

しかし、「一部の」と言っても決して少なくない高齢者で、特に男性の性欲は、若中年と同じように確かに存在する。ところが国や多くの家族、そして国民が、高齢者を「老いた人間」という意識で捉えているので、高齢者たちは、心のやり場を失うと同時に、性や恋の難民になってしまっている。だから身近な介護職の人々が、利用者さんたちに触りまくられたり襲われたり、卑猥な声かけをされたりと、犠牲になっている。触られて抵抗し、利用者さんを突き倒しでもしたら、たちまち事件として介護士さんが責任を取らされる。

男性は、紙オムツ生活になって、女性に下半身を見せてしまうと、自分の女にしたような征服感でも、介護士さんに対して湧くのだろうか。触られまくりの現場で、特に若い女性が耐えられるわけがない。しかし、こういうことは、利用者さん家族に言っても仕方ないと、介護士さんは口を閉じるか辞めてしまう。だから家族たちは知らないままなのだ。

触られまくりながら、「はい、はい」とニコニコしているなんて私にはとてもできない。介護のあらゆる職種に四十歳以上が多いというのも、ここに頷ける理由がある。本文中にあるように、私も潜入取材で経験したが、一人で行く訪問介護などレイプの危険さえある。ベッド上の移乗や体位交換で腰を痛めたり、強い臭気に浸りながらの毎日のオムツ替え、ストレスの溜まった利用者さんや、認知症の利用者さんの暴力や暴言など……まさに介護職は「3K」(汚い、きつい、危険)な職業でありながら、賃金がとにかく安い。

介護職員の給料データは、調査機関によって、かなりのばらつきがあるが、公益財団法人介護労働安定センターの平成二五年度介護労働実態調査によると、訪問介護職員の平均月収が一八万八二〇八円、介護職員が一九万四七〇九円で、看護職の平均月収二六万二四七二円よりかなり低い(*所得税、社会保険料や手当など、全てを控除する前の金額)。

そこで政府は、二〇一五年度の介護報酬の改定で、職員賃金が平均一万二千円上がるように定めた。が、一万二千円で埋め合わせをして、不平を黙らせたと思っていたら大きな間違いである。根本が変わらない以上、賃金がハードな仕事の内容に追いついてはこない。いてくれなくては誰もが困る職業なのに、賃金が伴っていないので、介護士さんの地位が未だ低いままにされている。だからこそ介護士さんたちに対して安く考え、セクハラをしたり、暴言を吐いたりする利用者さんも出てきてしまうのだ。

それでも現在、一七一万人もの介護職員が頑張って働いている。

中には、離婚後、養育費が支払われず子育て資金が必要だったり、目標のためや生活費不足など、いろいろな理由から、せざるを得なくて副業をしている一部の介護士さんがいる。風俗を副業にしている介護職の女性たちが存在するのも、事実である。その女性たちが、介護職を続けたいために、あるいは介護職が好きだから、風俗の副業をしているというのも取材から判明した驚きの事実だった。

人の心と体が直接触れ合う介護の世界だからこそ、いいことだけでなく、ややこしいこともいろいろと起こる。そういう中、３Ｋを伴いながらも安い賃金で介護士さんが働いている。こうした実態を国も私たち国民も見て見ぬふりをしたり、知ろうとしないでいて、本当にそれでいいのだろうか。いずれは自分も家族も関係してくる世界のことでありながら、「お年寄りが好き」「介護の仕事が好き」「ありがとうと言ってもらえるから」などの前向きな温かい理由から働いている介護士さんたちに、世間は甘えすぎていないだろうか。

身体《からだ》や心のサポートを求める多くの悩める高齢者たちを、今日も介護士さんたちが笑顔で世話をし、救ってくれている。本書によって一部や一面ではあるが、介護の世界と、今、日本で起こっていることを知ってもらいたい。あなたが六五歳以上になったとき、どんな人になりたいか。どんな人生を歩んでいたいか。そのためにこの国をどうしたらいいか……。ぜひ一緒に考えてもらいたい。

二〇一六年初夏　家田荘子

目次

〈カサブランカ・グループ〉長谷川華氏に訊く

本書の執筆するにあたり、著者・家田荘子は日本各地で、介護職と風俗のダブルワークをしている二十代〜六十代の女性を探し続け、話を訊いた。中でも、一番多く取材に赴いたのが、広島に本拠地とし、中国・四国・関西地方を中心に計三五店舗、総勢二一四〇人（二〇一六年四月現在）が在籍をしているデリヘル嬢派遣業〈カサブランカ・グループ〉だった。そのグループの代表を務めるのは、四十代、バツイチ、二人の息子を持つシングルマザーの長谷川華《はせがわはな》氏である。

彼女自身も、以前はデリヘル嬢であった。高校時代に出会った彼氏と十九歳で結婚。その後、夫の浮気に悩み、二人の小さな息子を抱えて離婚。アルバイトを掛け持ちして生活していたものの、生活費は底をつき、明日、電気も水道も止められるという危機的状況の中、風俗の扉を叩いたのが今から約十五年前。その頃に経験した理不尽な想いから、女の子たちが働きやすい理想のデリヘルを自分で作ってしまえと〈カサブランカ〉という名のデリヘルを広島市内に立ち上げ、ここまで展開をするに至った。今では、西日本最大級の風俗業となっている。

女の気持ちは女のほうが理解する、というのは安易な言い方ではあるが、〈カサブランカ・グループ〉のデリヘル嬢たちは、実際に取材をして話を訊いてみると、大変礼儀が正しく受け答えもしっかりとし、何か目標を持って前向きに生きている女性ばかりであった。そして結果的に本書で実際に紹介するのは、同グループの在籍者の言葉が多くを占めることとなった。以前、長谷川氏自身、『ママの仕事はデリヘル嬢』という自伝的エッセイを出版している。その推薦文で高橋がなり氏は、こんなことを書いている。

「大きな矛盾を抱える性産業。幸せになるために労働した結果、不幸になる可能性も含んでいるからである。いまの生活のための収入が、将来の生活を規制する結果になる場合があるからだ。

だが、デリヘル嬢という仕事がベストではないがワーストでないことにも気づかされた。要は誰が、どのような状況で、何を目的にして、どのように職種をつとめるか、という各人次第でその職業の良否が決まるということである」

長谷川氏本人が一番この言葉の重みを理解し、このマインドを、自分の下で働いている女性たちに伝えようとしているのではないか。まずは長谷川氏に話を訊いた。

編集部

家田　総勢二千人以上の女の子を抱える、中国地方ナンバーワン風俗業の代表が、これほど自然な「ママ」というか「お母さん」であり、優しい雰囲気の女性だったなんて驚きました。精神的によく潰れないでここまでこられましたね。

長谷川　いえ、ちょっと最近潰れてしまって（笑）。けっこうよく倒れていますよ、精神的にというより、肉体的にですが。最初の〈カサブランカ〉を開業してから、十年になるんです。その十年分の疲労がどーんとのしかかっています（笑）。少し前に、顔面麻痺と突発性難聴になっちゃって、左耳で、お客さんの電話が取れなくなったんです。それで右耳だけで受けていたら、右にすごい負担がかかって、耳が痛くて痛くて、死にかけまして。「もう何もせずに入院しなさい」ってお医者さんに言われているもんで、今は少し仕事をセーブしているんです。まあ、お客様の電話から、女の子の面接依頼の電話やら、悩み相談やら何やら、一日何百本って電話を取っていたら、そりゃ、おかしくなりますよね、あははははは（笑）

家田　一日に何百本の電話！　華さんは、この十年で実際に何人の女の子を面接されましたか？

長谷川　えー、ちゃんと数えたことはないけれど、千人単位で……三千人くらいでしょうか。

家田　三千人！　採用した娘《こ》は、全員覚えているんですか。

長谷川　さすがに全員の名前は覚えていませんが、顔を見れば、だいたい思い出します。お客さんから「こんな子がいい」というリクエストの電話が入ったときに、「それじゃあ、今日はあの子とあの子が空いているから、あの子を何時にあのホテルに」と反射的に頭の中でシフトを組んで手配をしないといけないですからね。それが一日中続くわけですから。

家田　それって、すごく頭を使いますよね。

長谷川　そう、それで疲れが出ちゃったみたいです。この年になって、初めて他の人に「仕事を振る」大切さを覚えました。

家田　〈カサブランカ・グループ〉の在籍者は全国で今、二千人を超えているわけですが、広島市内で長谷川さんが直接統括している女の子は何人くらいですか？

長谷川　市内だけで言えば、今は六百人くらいでしょうか。

家田　市内だけで六百人も!?　その中で、介護ヘルパーさんなど介護の仕事とデリヘル嬢とを兼任している女の子は、どれくらいいるとお考えですか？

長谷川　一割くらいはいると思いますよ。介護の仕事って、今、一番注目されている仕事でしょう？〈カサブランカ・グループ〉の内、特に若くて容姿が綺麗で、収入も当然高くなる一軍店を、〈カサブランカ〉という店舗名で出しているんです。面接で選びに選び抜いた、容姿端麗の四十名の女性が在籍しているのですが、この中でも四人ほどが介護の仕事をやっているはずです。あと、看護師さんとの兼業も多いですね。介護職一割、看護師一割弱、という感じですね。

家田　二十代の選りすぐりの美しい女性を集めた一軍店が〈カサブランカ〉。一方で、四十代～六十代を中心とした〈五十路《いそじ》マダム〉という熟女デリヘルも今、人気を集めているんですよね？

長谷川　そうなんです。熟女専門デリヘルが今、人気ですね。〈五十路マダム〉には六十代の女性も結構在籍しています。なかには、三十年間セックスレスで、ダンナさんに指一本触られたこともなかったという、普通のお母さんが面接に来たりもします。「この人、大丈夫じゃろか？」と思う人も、とりあえず採用して、いざデリヘル嬢デビューをすると、見違えるほど綺麗になるんです。お肌も艶々になります。最初はお金目当てで入ってきたのに、「男の人と触れ合うことの大切さを思い出しました。私にとってデリヘル嬢って天職だと思います」と突然、五十代を過ぎてから性に目覚める人もたくさんいますね。短期間であんまり綺麗になるから、私のほうが驚いてしまいます（笑）

家田　〈五十路マダム〉での介護職と兼業している女性の割合は？

長谷川　やっぱり、一割くらいおるかもしれません。もしくは職業としてではなく、実際に、親とかダンナさんの介護をしている人もいます。自宅で介護をしている人は、ルーティーンで働きづらいでしょう？　だから時間に融通が利く、デリヘルのような仕事が働きやすいというのもあるでしょうね。あとは、子どもさんが障がい者で、なかなか外に出て働けないから、短時間で少しでも高収入を、という人も一割くらいいますね。

家田　女の人って、本当に頑張りますよねえ……。

長谷川　すごいですよ。偉いなあって思います。介護の仕事って、一日十五時間労働とか、夜勤を入れて働いても、手取りで月に十七〜十八万円がマックスの収入だと聞きますし、本当に偉いです。それでも介護って資格があったりするから、こういう仕事とは別で、社会的に輝いて見える部分もあるんでしょうね。胸を張って生きられるというかね。「自己満足」って言ったら、言い方は悪いけれど。「デリヘル嬢やっている」と言ったら軽蔑の目で見られたりすることもあるけれど、「介護の仕事をしている」と言ったら、人から「すごいね」「偉いね」と言ってもらえるから。

家田　介護職とデリヘル嬢の二足の草鞋《わらじ》を履いている娘に、デリヘル一本でやったらいいのに、というアドバイスはされますか？

長谷川　うん、それは言うことはありますね。「なんで介護の仕事してるん？　キツいのに」って。でもそうしたら、やっぱり、「(介護の仕事は) 人からすごいって思われるから」みたいなところが、本音ではあって。子どもにも胸張って言えますからね。私も実は、介護ヘルパーの資格を持っているんです。この仕事をやる前に二十代のときに取りました。

二〇〇〇年頃だったかな。ただ当時は、「家族の介護をどんなふうにしたらいいのかわからないから、とりあえず資格を取ろう」という人が多かったような気がしますね。資格を取る年齢も、昔は高校や大学を出たばかりの人が多かったけれど、今は結婚して、子育てが落ち着いた四十代の人が再就職や転職のために取りにいくらしいから。

私は、在宅介護と、当時は「痴呆棟《ちほう》」と呼ばれていた認知症病棟で一時期働いていました。時給が千百円だったかな、私の場合は。今の介護職よりもお給料が良かった気がしますね。でも、一年半で辞めてしまいました。派遣された施設があまりにも酷くて、耐えられなかったんです。一つのテーブルにスプーンが一つしか置いてなくて、その同じスプーンを使いまわして同じテーブルに座っている利用者さん全員に食事介助をしていました。あと、オムツも一回オシッコをしたら、取り換えずに、前後を返して、もう一回オシッコするまで使えと言われたり。もう、信じられないほど酷かったですね。私が辞めた後、その施設はすぐに廃業したようですが。あのときは私も未熟で、訴える力とかもなかったんです。当時のお爺ちゃん、お婆ちゃんには申し訳ないことをしたという想いがまだ残っています。

家田　それはあまりに酷い施設です！　可哀相《かわいそう》……。介護保険制度が始まったのが二〇〇〇年ですから、華さんはたぶん、初期の頃に資格を取られたのでしょう。その後、社会保障費が全然賄えなくなったので、介護職の人たちの給料も上がらないわけです。その穴埋めをしているのが、セックスワークなのかもしれない。

長谷川　うーん。そうなのかなあ。確かに、ダブルワークしている女の子から話をいろいろ聞いて、「私も資格を取ります」と介護の勉強を始めている子もいますね。デリヘルの仕事の待機中に、待機部屋で勉強している子もいますからね。

家田　そういうきっかけで、介護職と出合うこともあるのですね。

長谷川　そうそう、ウチでデリヘルという究極のサービス業を経験したら、介護職なんて平気よ、なんて待機部屋で女の子同士がおしゃべりをしていたり。ある意味、デリヘルって究極のケアじゃないですか。シモの世話、と言っても、ちょっと、シモの部分が違うけれど。でもそうやって、ウチのグループに入ったことで、向上心のある子は、夢が広がるんですよ。勉強するためのお金も手に入って、今までは出会えなかった女の子たちと多数出会う場があって、いろんな話が聞けると、情報交換の場にはなりますよね。

家田　でしたら、デリヘル嬢をやっているうちに、お金の価値観が変わってきて、「介護の仕事なんて」と思って辞めちゃう娘もいますか？

長谷川　そういう子もいましたね。でも、副業としてデリヘルをやることで、介護職の大切さが逆に見えるようになった、という子もいます。こっちも大切に思えるし、あっちも大切に思えると。

家田　介護を一生懸命やるうち、ストレスがいっぱい溜まりすぎて精神的に患って、仕事を辞めたいという女性を東京では何人か取材しました。

長谷川　そうですね。介護職は好きで続けたい。だからデリヘルの仕事が気分転換になる、タブルワークはお金のためじゃないんですっていう子も結構いますよ。

家田　はい、取材させてもらった女性の中にも、デリヘルの仕事が楽しいという人が少なからずいて、驚いていいものか、それが普通なのか、どう相槌を打ったらいいか戸惑いました。

長谷川　「楽しい」って不思議でしょ？　風俗って、女性が苦しんでやっているイメージが一般社会にはあるけれども、実はちょっと楽しんでいる部分もあるんです。

家田　昼の介護の仕事は大切だし、続けたいけれど、夜の仕事のほうが、もうちょっと楽しくて。でも、夜を一本にすると何かが壊れてしまうから、あくまでも副業として、ストレス発散の場とか、もう一人の自分を演じる場としてデリヘル嬢をやる。昼より高いお金も貰えるし、楽しめちゃうという……。

長谷川　私は、せっかくこの仕事に就いたのなら、「一石百鳥」ぐらい狙いなさい！って言いたいんです。まあ、それは言いすぎにしても、我々の仕事は一石二鳥じゃ少ないんですよ。「お金も手に入れて、人も手に入れなさい」って言っている。いろんな人に知り会うチャンスが転がっている場所ですから。百人の人間と知り合ったなら、得るものも百個あると思うんです。それで、ウチで学んだことを、介護職でもなんでも、他の場所で生かしてくれたなら、すごく嬉しいですね。デリヘルの仕事も、介護の仕事もメソッド化はできないでしょう？　百人百様、それぞれ違う心を持っていますから。勘と笑顔で、一つずつ摑んでいくしかないんです。

〈カサブランカ・グループ〉長谷川華氏に訊く

case 01

「デリヘルのお客さんより、施設のお爺さんの方がエロいんです」

介護施設でどんなに頑張っても月収十八万円。子どもの学費のため、意を決して熟女デリヘルへ

「どうしてもお金が必要だったから……。背に腹は代えれんっていうか。夜のお仕事の雑誌を見て、風俗でも（性感）マッサージのほうの面接に行こうと思って、いろいろ電話したんですけど、どこにかけても『ウチは四十歳までしか採《と》らない』って言われたんですよ」

〈カサブランカ・グループ〉のデリヘル〈五十路《いそじ》マダム〉に、五月明美《さつきあけみ》さん（仕事名・四八歳）は、一年前から週二、三日のシフトで働いている。女優の五月みどりさんに雰囲気が似ているということから「五月」と名づけられた。

デリヘルとは、デリバリーヘルスの略。店舗を持たないため、「派遣型のファッションヘルス」とも呼ばれる。口や手で性的サービスをするが、本番行為はなく、今では性風俗業界の主流となっている。

「断られた風俗店から、あなたの年齢なら〈五十路マダム〉さんがあると教えてもらったんですけど、実際に面接に行くまでに三ヵ月ほど悩みましたよね。風俗って、何するとこだろうって。全然分かんない世界でした」

甘く優しい口調でゆっくりと語る五月さんは、白いレースのブラウスに、白いジャケット、紺のレースのスカートと紺のパンプスを合わせたファッションをしている。取材をし

たこの日にも十七時から予約が入っていた売れっ子だが、清楚で礼儀正しく、経理の仕事をしている女性のようなイメージだった。夜の仕事を感じさせるところと言えば、唯一、バッグが赤いという華やかさだろうか。小さな顔の造作一つ一つすべてが小作りで、小柄な五月さんは、せいぜい三十代前半にしか見えない。

五月さんは、八年ほど、小さな店で水商売をしていた。ところが、その店が潰れてしまったのだ。

「私の年齢で転職できるクラブがあるとは思えませんでした。この年齢で水商売をするんだったら、もう自分で店《みせ》を開くしかない。でも、その資金もないし。結局は、お金が要るんだしね。迫ってくるのは、子どもの学費です」

五月さんは十八年前、三十歳のときに会社員の夫と離婚した。三人の子どもは、五月さんが引き取った。会社員をしながら夜、水商売をして子育てをしてきた。

「自分が働けばいいわって、別に離婚は苦にならなかった」

とサラッと言うが、七年後、子どもたちの学費がかさむようになり、元夫が毎月、援助をするようになった。それで長女と次女は大学に入学できたのだが、一年半前、元夫からの援助が突然、止まってしまった。ちょうど三女が、公立から私立大学に転入した直後で、さらに学費がかかるようになったときだった。

「元夫に請求したら、『払えん。こっちにも都合がある』って言うんです。払うと言うから大学に行かせたのに、『お父さんが癌になって入退院を繰り返しているし、お母さんも骨折してしまった。子どもの学費どころじゃない！』って言われちゃったんです。ということは、私が何とかせんといけんのよね」

保険の外交員に転職するが、大口を取れないので月収はせいぜい二十万円。そのため、ずっと五月さんは水商売と掛け持ちをしなければならなかった。そして五年前、介護ヘルパーの資格（＊1）を取って以来、介護施設で正社員として働いているが、月収は十八万円程度と下がってしまった。これでは、年間百万円かかるという学費どころか、生活をしていくだけで精一杯である。

「早番、遅番、夜勤をしても、やっぱり月収は十八万くらいにしかならないんです。一年前からは、サービス付き高齢者向け住宅（＊2）でヘルパーとして正社員で働いているんですけど、（給料は）高くないですねぇ」

夜、アルバイトできる次のクラブも見《み》つ《せ》からず、三ヵ月後、ついに五月さんは決心をして〈五十路マダム〉に面接を受けに行った。

「風俗というものの知識がまったくないまんまで、（何をするとこじゃろう？）って思っていました。面接したとき、『素股《すまた》』も『バイブ』もよく知らなくて、『何するんですか？それ』って、思いっきり訊いちゃいました。そうしたら、リカちゃん人形を使って、『素股っていうのは、(挿入せずに)股と股をこう擦るんよ」って教えてくれました。『体験してみる?』と、その場で店から言われたから、『まぁ、してみます』って。常連さんをつけてくれたんですね。そこから、どんなことをしたら男の人が感じるか、お客さん一人一人に教わってやってきたんです」

五月さんは、広島弁まじりで一気にこれまでの経緯《いきさつ》を説明した。小ぶりな口で笑う度、ゆるめのソバージュヘアが顔にかかって揺れて、愛らしく見える。

「最初のお客さんに会ったとき、『何か怒ってる?』って言われたんですよ。笑ってるつもりなのに、緊張しすぎて顔がこわばっていて。ほんま、どうなることかと思った。でもだんだん慣れてきて、笑顔が出せるようになりました」

五月さんは軽快に笑った。その最初のお客さんだが、五月さんのリピーターになった。しかし、五回目の指名のとき、

「週に一日デリヘルで働いて月十五万ぐらいになるんじゃろうけん。なら、わしの愛人にならんか?」

と交渉してきた。五月さんの答えは、

「無理」

だった。

「向こうの会いたいときに長い時間会うのは、ちょっときつい」

五月さんは、笑い飛ばした。

こうして昼間は介護ヘルパー、夜は〈五十路マダム〉のデリヘル嬢になった。夜の仕事の経験から、介護の仕事に役立てたものはあったのだろうか。

「ないです」

即答だった。

「ただ、ヘルパーに就《つ》いたときから、自分がされたくないことはしないし、私自身が痛いのは嫌いだから、それだけは気をつけてやっています」

五月さんは、艶やかさの消えた介護ヘルパーの顔に戻って、さっぱりと言った。しかし、その後に続いた訪問介護の実技勉強での話を聞いて、私は啞然《あぜん》とした。これでは、デリヘルのお客より、エロいではないか。

お風呂に入れる度、いつでも勃つお爺さんもいます。
九四歳ですが。「おら、反応しおるじゃろうが。やりたいのぉ」

ヘルパーの資格を取るには、勉強のために個人宅で訪問介護する実習が何時間かあるそうだ。その初めての実習先が、認知症の入っている一人暮らしの九一歳の男性だった。

「とにかくエロすぎて。胸はすごい触るし、ズボンの上から下も触ってくるし、『やらせろ』って言うんですよ。一対一で、この家で介護していたら襲われる可能性があるって恐怖感が出ちゃって……。私は訪問介護士じゃなくて、介護施設で働くしか無理って思いました」

年齢が高いからと安心して利用者宅へ行っても、相手はまだまだ男だった。私が「九一歳で……?」と、言葉が続かないでいると、五月さんが顎に手をやって甘い笑い声を上げながら、

「私の今の老健（＊3）の施設で、居宅（日常住んでいる家）のお爺さんですけど、お風呂に入れる度、九四歳でもいつも勃ちますよ」

と言って、私を見つめた。私が目を丸くしている間に、五月さんは、そのお爺さんの口真似をしながら続けた。

「いっつも、『ああ、気持ちええのぉ』『おら、反応しおるじゃろうが。やりたいのぉ』って言うから、『ダメでしょ。それは自分の奥様に言って』『今、そういうところを勃たす場合じゃないから、大人しくしましょうね』って言うんですけど、それでも『下は洗っちゃげんやいけんのぉ』とか、『入れちゃらにゃいけんのぉ』とか言っています。だから『あぁ、それは、お母ちゃんだけでいいけんね』って逃げるんです」

巧みな話術は、さすが介護のプロフェッショナルである。利用者さんのプライドを傷つけることなくかわしている。しかし、若い介護士さんにとっては、許す、かわすということ

とが難しく、これで辞めていく人も多いという。介護職員の離職理由は、賃金の安さと、利用者さんたちのエロぶりが原因ではないだろうか。

「あまりに言うから、可哀相になってきて、望むようにしてあげたくなったことは？」

失礼と思ったが、私が尋ねた途端、

「ないですね。抱っこくらいはしたけど」

五月さんは、毅然として言った。ヘルパーとしてのプライドやプロフェッショナルぶりがうかがえる姿だった。けれども五月さんは、すぐにいつもの笑顔に戻った。何かを思い出したようだった。

「九二歳の、酸素吸入をつけた寝たきりの男性なんですけどね。トイレに行く度、自分でしごき出すんですよ」

五月さんは、クスッと小さく笑った。

「それから必ず『わしはお前とやりたい』って言うんですよ。『そんな元気ないでしょう？』って言ってあげるんですけど、『いや頑張る』って、しごくのをやめないんです。だから『頑張っても無理せんのよ。喘息もひどうなるし、大人しく、トイレしてから寝よ』って諭《さと》すんですけどね。でも用を足してベッドまで移動する間に、必ず、すっごい抱きついてキスしてくるんです。まあ、ほっぺにキスくらいならいっかって、させてあげてますけどね。エッチなこと言って当たり前と思っているんです、男の人は」

介護経験からくる達観した言葉だった。

こんなエロ利用者さんたちを傷つけないように、笑ってやりすごす。いくら仕事とはいえ、とてもじゃないが、私にはできないことだ。しかし、五月さんが、こうして「エロオヤジづかい」になれたのは、〈五十路マダム〉で働くようになってからだという。

かつて五月さんは、精神病院の認知症病棟に勤めていたとき、四肢の麻痺した高齢者に襲われたことがあった。食堂に行く介助のために、一人で部屋に行ったときだった。

「動かないはずの体に、いきなり抱きしめられて、ベッドに押し倒されたんです。私の体に覆いかぶさったまま興奮して、ハァハァハァハァ息をして。ナースコールのブザーまで手が届かない状態です。（どうしよう、私。男の人って、いざというときは、本能だけで力が出るんだぁ）と分かって、怖かったです。いつまでも食堂に来ないことを心配して、やっと先輩が来てくれて、『何しよん、おまえ』って」

〈五十路マダム〉で働くようになるまで、エロオヤジたちを笑って許すのは、「無理なこと」だった。何週間、何ヵ月もかけてリハビリをやっても動けなかった男性が、五月さんを見た瞬間、手足を動かせたのだ。本能とは、恐ろしいほどにすごいとしか言わざるを得ない。まさに五月さんたちは、エロ野獣があちこちにいるジャングルの中で働いているウサギのようなものだ。

「入居者さんたちが『好き』って感情を持ってくれているのは分かります。嬉しいですよ。情は湧いてきますが、分け隔てなく皆さんに接しているつもりです。男の人なんで、『やりたい』『やらしてくれ』『愛しとるけん』って素直に言ぅ人は多いですね。『奥さんおったらダメよ』って言うんですが、奥さんと死別された方もいて、そういうときは、『どこの馬の骨か分からん女、お嫁さんにはしてくれんけん。息子さんに反対されるけん』ってかわすんです」

中には、『セックスしたくなったら、詰所《つめしょ》に来いと言われたけん、やらしてくれ』『娘が死んで、わしは天涯孤独になってしまった。このまんまエッチもできんかったら……』と、欲情剝《む》き出しで言ってくる男性もいる。

「娘さんを勝手に殺して、同情を買おうとするんです。そういうときは、『エッチがしたいねん？　ほぉね。ま、部屋に帰ろうか』って、連れて帰って、『大人しゅうしとこうね』ってなぐさめながら、手ぇ握って、しばらくそばにおって、お話を聞いてあげます。スキンシップがないと、皆さん落ちつきませんから、どっかはボディタッチしてあげるんですね。皆、淋しいんだと思います。ここに入りたくて入っている人はほとんどいません。家から騙されて連れて来られている人のほうが多いんです」

五月さんの顔から笑みが消えていた。少し遠くを見やりながら、

「夜になったら、『帰りたい』と、特に皆さん言うし。帰宅願望が強いんです」

しんみりと言った。

淋しがるのは、男性だけではない。

「子どもが七歳なんじゃ、まだ帰らん。捜しに行かにゃぁいけん」

などと、何らかの理由を作って毎日、施設から出ようとする女性もいる。

「そういうときは、まずお話を聞いてから、『もう遅いけんね。私らが捜してあげるけ。お部屋で待っとって』って、話をしながら部屋に連れて行きます。『淋しいのぉ、淋しいのぉ。話聞いてくれや』と言う人もいます。だんだん家族が会いに来なくなるんですね。季節の変わり目くらいは、衣替えだけでも来てくださいってお手紙を出したりするんですけどね。入居者さんのお話を聞いてあげている間に、『騙されて連れて来られた』ことを忘れてもらうんです」

家族が想像さえできない高齢者の心の内や、性欲のことなどに、介護職の人々は、今日も心を込めて一生懸命対応をしている。心身ともに家族が離れてしまったという「高齢者」をも、介護職の人々は、人生の「先輩」であり、「人」として尊重し、コミュニケーションを取っている。家族ができないこと、知らないふりしてきたことを介護職の人々が代わりにしてくれているのだ。

あんたん来たときだけ、エロくなるって、お爺ちゃんたちに言われる。普通に介護していて、何もしていないのに。

非常にハードで、非常に神経を使う仕事でありながら、介護職はどうしてこんなに賃金が安く、仕事内容に伴わないのだろうか。仕事の現実を聞けば聞くほど、介護職がなぜ高い評価を受けないのか、疑問と不満が私の頭にもたげてくる。これで、月にたったの十六万から十八万円とは……。副業をする体力や時間などないのに、五月さんは副業をしなければ、娘の学費を払えないのだ。それでも五月さんは、ヘルパーの仕事を辞める気はない。

「やっぱり自分にも来る道。年取って、いつか来る道、皆が辿《たど》る道だから、少しでも優しくしてあげたいと思うんです。自分がされて嫌なことはしたくない。自分がされたいことをしてあげたいと思って、(ヘルパーの) 仕事をさせてもらっているんです。皆、相手のことを思いっきり見ています。よく分かっています。この人は話を聞いてくれる、あの人はダメって。呆《ぼ》けてても、ちゃんと見ています。自分の身を危険から守るために、わざわざ呆けたフリだってするんです。それが分かっているから私たちは、人として普通に接していけるんです」

五月さんはそこまで言って言葉を切ると、力のこもった目で私を見つめた。

プロ意識の強い、優しい女性だ。私も将来、五月さんに介護してもらいたいとさえ思った。それにしても家族たちは、本当の父親や母親の姿を知っているのだろうか。

「知らないと思います。エッチな父親のことを知ったら多分、ショックを受けると思います。ご家族は、知らなくていいと思うんです」

五月さんは何でもないように淡々と言った。が、すぐに、

「でも全部、記録に取れと上司に言われているから、カルテには何をされたか、言われたか、他の職員のために書いて報告をしています。私、よく『あんたん来たときだけ、エロくなる。あんた、何かしよるんじゃろ』って、お爺ちゃんたちに言われるんです。普通に介護していて何もしていないのに。〈五十路マダム〉のお客様より、施設のお爺さんのほうが、エロいんですよね」

さっきまでの明るく艶やかな笑顔に戻ってつけ加えた。


五月さんは特に美人とか、きわめて可愛い顔をしているわけではない。なのに話をしているうちに、どんどん魅力的な顔に変わっていく。やがて五月さんの顔が、綺麗で輝く天使の笑顔に思えてきてしまうのだから、不思議だ。だからお爺ちゃんたちが、あれこれとエロいことを言って、五月さんの気を引こうとしているのだろうか。はたして、

「私の〈〈五十路マダム〉での〉お客さんって六十代、七十代とご年配が多いから、『年取ったら、五月さんが勤めている施設に行きたい』と言ってもらえるんです。私のお客さん

の最高年齢は七五歳。わりと勃ちますよ。むしろ三十代の若い人のほうが勃たないんです。『ごめんね、僕、ダメで』と謝られると、『私のほうこそ、あまり技術がなくて、ごめんなさいね。高いお金出してヌキに来たのにヌケなくて……』と言って、マッサージしたり、抱っこされたり……。キスが好きだから、私はキスをよくします。部屋に入って店に電話を入れた後も、まず『お願いしまぁす』って抱きついて、キスをするんです」

お客とキスだけはしないという風俗嬢は少なくないが、五月さんはまったく気にしない。〈五十路マダム〉のお客たちは、五月さんのことを「ベッドに入ったら豹変《ひょうへん》するタイプ」と言うそうだ。そして、お客の部屋のドアを閉めた瞬間、風俗嬢としての姿も心も消え去るという。

「引きずることはないですね」

五月さんはサラッと言ったが、〈五十路マダム〉の話をするときは、表情が輝き、とても楽しそうだ。

「はい、楽しいです。楽しいです。ほんとうに楽しいです」

五月さんは、三度も楽しいと繰り返した。

「私、〈五十路マダム〉に入るまでは、自分自身がエッチなことが好きだとは思ってなかったんです。ダンナさんと五年一緒にいて、したのは数える程度。長女を妊娠してからは一切寄せ付けられなかったし、したくなかった。ダンナさんが初めての人で、「痛い」というイメージしかなくて。自分はエッチなことは嫌いだと思ってたんです。でも、この仕事に就いてから、（あ、エッチなこと好きじゃん、私）って、開花したんです。離婚してから十年間、彼氏も作らず、仕事と子育てだけの人生でしたから」

ヘルスなので、本番はご法度だ。それでもアナルや、本番を強要してくるお客もいる。断ると、キレて帰るお客もいたし、「○○円あげるけん、させろ」と迫ったお客もいる。

「断り方は、多分介護職からの応用です。十人十色ですから、いろんな人が、介護の世界でも風俗の世界でもいます。介護と風俗でたくさんの人々に出会って、自分と同じ目線の人だけじゃないってことが分かったんです。男の人に対して汚いとかいう気持ちが前はあったんだろうけど、人間の内《なか》は面白いんだなぁって、二つの仕事を持って思えるようになったから……」

もっと早く〈五十路マダム〉を始めたらよかったのにと私が言うと、五月さんは、小ぶりな口をいっぱい開けて、豪快に笑った。

「いやぁ……。でもやっぱり、風俗っていう所は抵抗がありますよね。もともとが、エッチなことは好きと思ってなかったから……」

この分だと、ヘルパー職を定年退職するまで〈五十路マダム〉のほうも続けそうに思えたが、

「三女が大学を卒業したら辞めます。あと二年。それをゴールに決めとかんと、ズルズル

いくのもイヤ」

五月さんは私の話を切って、即答した。本当に辞められるだろうか。

「辞めます。多分辞める」

少し間を置いてから、そう言って息だけで笑った。

現金払いのお金の味を覚えてしまうと、なかなか辞めることが難しいと、風俗嬢から私は度々耳にしたことがある。けれども、お客の部屋のドア一枚の開け閉めで、風俗嬢とヘルパーの切り替えができるのだから、五月さんなら、二年でスパッと辞められる気がした。

自分の一番恥ずかしい部分をさらす仕事と、相手の一番恥ずかしい部分をさらさせる仕事

出勤時間が迫ってきていた。私は、二足のプロフェッショナルな草鞋を履く五月さんに、最後の質問をした。

介護職と、デリヘルの違いは何だろうか?

五月さんは、顎に手をやり、惜しみなく間を取って考えてから答えた。

「値段の格差……?　二つとも体を張る仕事です。〈五十路マダム〉のほうは、自分の一番恥ずかしい部分を相手にさらさないといけない。それに対しての高い対価だと思います。

ヘルパーは、他の仕事と比べると、一番キツい仕事なのに、一番収入が低い仕事ですよね。体張って、こんだけキツいんだから、もうちょっと（賃金）上げてよって思いますけどね……」

風俗は、五月さんが言うように、一番自分の恥ずかしい部分をさらす仕事かもしれない。ならば介護職は、相手の一番恥ずかしい部分をさらさせる仕事ではないだろうか。認知症の利用者さんたちは、家族が見たくないこと、知りたくないことまで介護職の人たちにさらしているのだ。こんなに大変な仕事なのに低賃金で、看護師さんほど職業的地位が高くなく、まだまだ市民権を得ているとは言い難い。

二〇三五年には、六五歳以上の割合が三三・四％、七五歳以上の人口が二〇％（総務省調べ）となって、三人に一人が六五歳以上になると見込まれているにもかかわらず、汚い、エロい、ハードワークで低賃金では、介護職不足になるのは目に見えている。なのに「介護大臣」だって未だいないし、その動きすら感じられない。これで、老人大国日本のケアを一体どう変えていけるというのだろうか。

五月さんの話を聞いて、想像を絶する高齢エロオヤジたちの実態を知ったが、はたして、その仕事が、どんなに大変なものか。実際にエロオヤジと接したとき、私はどう感じるか。そして何と言うだろうか。それを知りたくて、私は都内のある施設の協力を得て、介護ヘルパーに扮し、エロオヤジで有名な一人暮らしの男性宅を訪問した。

＊1 **介護ヘルパーの資格** 介護職を目指す場合、ほとんどの人がまず介護ヘルパーの資格を取ることになる。二〇一三年四月の介護保険法の改正によって旧ホームヘルパー2級の資格が、介護職員初任者研修に移行した。

＊2 **サービス付き高齢者向け住宅** 高齢者住まい法によって定められている、介護・医療と連携し、高齢者の安心を支えるサービスを提供するバリアフリー構造の賃貸集合住宅のこと。都道府県に登録されていなければならない。

＊3 **老健** 介護老人保健施設の略称。介護を必要とする高齢者の自立を支援し、家庭への復帰を目指す。利用するには、介護保険の被保険者で、要介護状態であると認定されることが必要。また、入所サービス以外に短期入所療養介護、通所リハビリテーション等の居宅サービスを提供している場合もある。

case 02

「独居の男性、佐藤さんの性欲」

どんなに女性性を隠しても、介護ヘルパーは欲情される存在なのか？

ある冬の日の午後、私は、都内・某介護センターのヘルパー近田さん（仮名・三二歳）と一緒に、介護サービスの車に乗っていた。一ヵ月半ほど前、佐藤さん（仮名・八五歳）の家へ訪問したところ、近田さんにいきなり抱きついてきたという。その話を取材先の施設で聞いた私は、施設の責任者にお願いし、佐藤さんに会わせてもらえることになった。

佐藤さん宅へ行く前に、何軒か現場を見て慣れたほうがいいということで、介護ヘルパーさんを必要とする、八十歳以上の少々エロ系一人暮らし男性宅四軒に近田さんと行った。近田さんはヘルパー歴五年のベテランで、施設責任者は「ウチで一番信頼されているヘルパーだから」と私に紹介してくれた。細い目に黒縁眼鏡をかけ、施設のユニフォームを着た近田さんは、サバサバした口調で話す、いかにも仕事ができそうな女性だった。佐藤さんに嘘をつくことになり少々後ろめたかったが、近田さんの代わりに、「見習い」の私が、しばらく通うということにさせてもらった。

訪問の記録票によると、佐藤さんは四ヵ月前、心臓疾患で妻を亡くしたばかりだった。佐藤さん自身も心臓に疾患があり、通院中の佐藤さんの身の回りの世話をするために、養子の妻が週に一度通っていた。ところが、養子の妻が清掃中に佐藤さんが襲いかかってセクハラをしたことから、養子夫婦とは離縁同然に。民生委員を通して、訪問ヘルパーの出番となった。

「この前、佐藤さんの家に行ったら、いきなり後ろから私に抱きついてきて、『しないか?』って、一万円札を出すのよ。『しません! そういうこと言うのやめてください』と言って断ったら、ポケットからさらに一万円札を二枚出してね。三万円を渡そうとしたんだけど、『やりすぎだ』って独り言言って、一枚をすぐズボンのポケットに戻して、『やらないか』って真顔で言うから、私、ひっぱたいて、帰って来ちゃったの」

近田さんは、運転をしながら怒った口調で一気に言った。近田さんは、セミロングの髪を一つに束ね、薄化粧で、仕事柄か、「女性」を感じさせにくくさせている。しかし熟年の男性となると、そこがまた魅力的に映り、性欲を湧かせてしまうのだろうか。

佐藤さん宅の前に車を停める。そこは小さな一軒家で、同じようなサイズの家が密接して並ぶ住宅街の中にあった。私は緊張したまま車から降りた。

「佐藤さぁん」

近田さんが声をかけながら、ブザーを押すと、あまり待たせることなく、玄関の戸が横に開いた。茶色のジャージで細い体を包んだ弱々しげな佐藤さんが姿を現した。

骸骨の上に皮が被っているだけのような痩せた体をした佐藤さんは、私の予想外の容姿だった。もっと逞《たくま》しく脂ぎった熟年エロオヤジを想像していたのに、佐藤さんは、ひ弱な

「老人」に見えた。禿げた頭の上に、ツクンツクンと白髪が何本か生えている。後ろのコタツ部屋に置かれたテレビからは、ワイドショーが大音量で流れていた。佐藤さんは少し耳が遠いのだと、近田さんが言っていたのを思い出した。

佐藤さんは、小さな目を丸くして、ジーッと近田さんを見つめ、それから近田さんの体を頭から足先まで、いやらしい視線で舐めていった。先日、ひっぱたいて逃げて行った近田さんが再び来たので、佐藤さんは驚いていたようだ。もし私が潜入取材を頼まなければ、近田さんがここに来ることは、二度となかったという。

ゆっくりと近田さんの姿を堪能してから次に、佐藤さんは、近田さんの後ろからおそるおそる顔を覗かせている私に目を移した。

「上田さんと言います。今度、私の代わりに来ることになったので……。まだ見習いさんですけど、いろいろとやってもらってください」

近田さんが、上田という名の私のことを説明したが、佐藤さんは、それには反応せず、

「民生委員の石川さん（仮名）が、毎週水曜日にお弁当を持って来てくれるんだけど、昨日は来れなくなったって、別の人が持って来てくれたよ」

しわがれた声で独り言のように言いながら、勝手にテレビの部屋に戻り始めた。すぐに近田さんが、民生委員の石川さんは六十歳近い女性だと、私に教えてくれた。私たちは、入室を許されたものと判断して靴を脱ぎ、「失礼しまぁす」と口々に言って、テレビのあ

る居間に上がった。家は、上がってみるともっと狭く、奥のつき当たりが台所になってい
た。その右に浴室とトイレ、そして階段がある。隣家と接近しているせいか、家の中は、
あまり明るくなかった。

「コタツに入ったら？」

不愛想に佐藤さんが言って、手でコタツを指すので、私たちは遠慮なくコタツのなかに入り、「寒い寒い」と言い合っていた。まもなく佐藤さんが、不揃いの湯飲み茶碗三客をお盆に乗せて、お茶を運んで来た。

「わあ、お茶。寒いから嬉しいですね」

と、私がわざと嬉しそうに言ったが、佐藤さんは何も言わず、おぼつかない足でゆっくりと台所に戻って行った。そしてガサゴソと音をさせてから、手に柿ピーと、ハッカの飴と、かりんとうの袋を持って来た。どれも封が開いていた。

「誰も食べるヤツがいないから」

つまらなそうな顔をして、佐藤さんがおやつをコタツのテーブルの上に差し出したが、近田さんに再会できて嬉しいのを照れ隠ししているようにも私には見えた。

佐藤さんは家族がなく、誰も食べるヤツがいないという言葉は胸に少しチクリときた。心臓が悪い佐藤さんは、現在、施設が経営する病院に通っている。

「医者の薬を飲むと、一時間に何べんもトイレに行きたくなるから、パンツが汚れてね。

朝起きたらまず、パンツをお湯で洗うんだよ」

佐藤さんがコタツに入ると、近田さんが、

「何でも一人でできちゃうものね。洗濯も、お料理も」

褒めるように言ったので、佐藤さんはちょっと得意そうに白髪の生えている赤い耳たぶを触った。

「そうなんですか。あっ、ちょっと冷蔵庫、見せてもらっちゃいますね」

冷蔵庫の中を見れば、その人の生活ぶりが見えてきやすい。唐突だったが、私は台所へ行き、冷蔵庫を開けてみた。缶ビールが四本きれいに並んでいた。昨日、民生委員の石川さんの代わりの人によって配達されたというお弁当の残りも入っていた。

「あ、お弁当が残ってる……」

私がつぶやくと、

「それは今夜食べるんだ」

立ち上がって冷蔵庫に近づきながら佐藤さんが低い声で言った。白いボールの半分ほどを満たした白菜の漬物と、明らかに佐藤さんが料理した、〝肉じゃが〟らしきものも、小鉢に入れられて冷蔵庫に入っていた。大きな冷蔵庫の中味は少なかったが、佐藤さんの手の届きやすいところに整頓して置かれていた。扉側には、しょうゆやソースが置いてあったが、意外にも容器はきれいだった。

「それが酒のつまみだ」

佐藤さんは、恥ずかしそうな、難しそうな顔をして見せてから、

「早いときは、夕方五時から飲み始めて、寝ちゃうから」

ポツリとつけ加えた。近田さんがコタツから立ち上がり、

「じゃあ佐藤さん、昼間は何をしてるの？」

と、話しかけると、

「朝、洗濯したら、やることねぇから、ほとんど寝てるよ」

どうでもいいような言い方をした。


だって三万円出せば、風俗に行って若い娘を相手にできるからな。彼女は素人だから、二万円ぐらいが相場だと思って

「それじゃ、後は上田さんがやってくれますからね。私は他に廻るトコがあるから、失礼しますよ」

近田さんがさっさと玄関に向かったが、私が残ると分かったからか、佐藤さんは、

「ああ。ありがとう」

引き止めもせず、軽く見送った。二人になると少しだけぎこちない空気が流れたが、私

たちは再びコタツに入って話の続きをした。清掃などをしなくてはいけないところだが、取材が目的なので、清掃する時間がもったいない。佐藤さんがあれこれ頼んでこないのをいいことに、私は「傾聴《けいちょう》」を装い、次々と話しかけていった。

「初めてだったよ、殴られたのは……」

佐藤さんが掠《かす》れた声で、近田さんのことを突然言い出した。意味が分からず、私が聞き返すと、

「俺は、人に殴られたことなんかなかった。女房に殴られたこともなかったしな」

コタツにうずくまるように、佐藤さんは背を丸めた。新人の私に「いい人」と思われたいのか、それとも近藤さんから事情を聞いているのではないかと心配なのか、佐藤さんは言い訳めいたことを言った。

「あのとき、近田さんが『三時に来る』と言ってたから、アイスコーヒーを用意して待ってたんだけど、ちっとも来ないから、五時すぎから飲み始めちゃったんだ。近田さんが来たのが六時で、もう酔っ払っちゃってたよ。だから俺が、なんて言ったかとか、抱きついたとか、覚えてないんだよ」

実は佐藤さんは、近田さんの前の担当女性にも抱きついている。だからスタッフ内でも有名になっているのだ。私は佐藤さんを意味深な横目で睨《にら》んで笑いながら、

「でも、手ぐらいは握ったでしょ?」

と、気さくな女性のフリをして尋ねると、

「手はそりゃ、握ったかもしれないなぁ。でも、やったことはないよ」

と、悪びれずに白状した。正直で、憎めないところもある。ところが、さらに私が追及すると、佐藤さんはよけいなことまで、どんどん喋り出した。話し相手に飢えていたのかもしれない。饒舌《じょうぜつ》になってきたところで、

「三万円出したのに、『やりすぎた』って、一万円引っ込めたんですって？」

ついに私は核心に触れた。意外にも佐藤さんは、素直だった。

「ああ。二万円にしたよ。だって三万円も出せば、風俗に行って若い娘《こ》を相手にできるからな。佐藤さんは素人だから、二万円ぐらいが相場だと思って、引っ込めたんだよ」

二万円の値段設定の基準がよく分からないが、私の心の奥のほうで、沸々と怒りの泡が湧き始めていた。

「近田さんは、三十（歳）ぐらいなのに結婚してなくて、彼氏もいないんじゃ淋しいだろうと思って、声をかけてやったんだよ。そしたら『私は、お金をいくら積まれてもしません！』って、いきなりひっぱたくんだもんなぁ。『塩撒《ま》いてもいいわよ！』って叫んで、帰ってったよ。人のことひっぱたいておきながら、近田さん、今日また、よく来れたなぁ」

佐藤さんは、自分のことは棚に上げ、何度も何度も首を傾げながら、この科白《セリフ》を繰り返

していた。近田さんは離婚をしているが、一女の母であることを佐藤さんは知らない。「民生委員の石川さんは、俺に惚れてるんだよ。『お父さん（石川さんの夫）が、佐藤さんの話をすると怒る』って言うんだよな。俺は潔白だよ。石川さんは、俺に手ぇ出したくてしょうがないのに、我慢してるんだろうなぁ」

真顔で言う佐藤さんを私は唖然として見つめていた。しかし、この沈黙が危ない。私は、お茶のお代わりを淹れに台所に急いだ。コタツに戻ると、待っていたように、すぐに佐藤さんの生い立ち語りが始まった。

新潟県出身の佐藤さんは、十代で上京し、まず八百屋さんに「丁稚奉公《でっちぼうこう》」したそうだ。その後は、日本橋にあるお蕎麦屋さんに勤めたが、給料はかなり安く、隣店の美味しい大福を食べることばっかりを楽しみに働いていたという。その後、佐藤さんは運転手になり、米軍基地の仕事に就いた。まだ、自家用車が普及していない頃のことだという。短距離トラックの運転手として働いた後は、タクシー会社に転職し、十八年無事故で勤め上げた。

六歳年下、栃木県出身の妻と結婚したのは、佐藤さんが二九歳のときだった。トラックの運転手をしていたとき、隣の運送会社に勤めていた女性だった。

「やろうと思えば、やらせてくれるような人妻がいっぱいいたけど、『彼女』と呼べるのはいなかったなぁ。新潟のほうでは、男は三十、女は二五になると結婚しなくちゃならないというのがあってな。あんまり廻りから『早く結婚しろ』と言われるから、結婚したよ」

聞けば聞くほどイヤな性格のオヤジに思えてくる。

そんな男と結婚した奇特な妻の顔を拝見したかったが、仏壇は二階にあるらしかった。コタツに入って、毎日「飲んじゃ寝」をしているのは事実らしく、枕替わりの座布団が二つに折ったままで無造作に置かれていた。壁にはセーターや上着が、クリーニング店の針金ハンガーでかけられていた。部屋を見渡している私にかまわず、佐藤さんの話は続いた。

「女房は、すごいセックスが好きで。日曜日なんか、昼間っからコタツに入って、一日四回くらいしてたよ。夜、女房が寝てるときにも内緒でやって、『あんた、私が寝てるときにやったでしょ！』って、朝、怒られたこともあったな」

ところが十年前、妻が心臓病にかかり、常に体のどこかが痛い状態で、入退院を繰り返すようになった。

「最後の十年間は、女房とセックスしてないよ。ずっと、我慢してたんだよ。手も握ってもらえなかった」

佐藤さんの表情が、急に翳《かげ》った。少し可哀相になって、次の言葉を待ったが、

「月に一回、女房が髪の毛を切ってくれたんだけど、そのときだけ、手で、下もやってくれた。けど、女房の体には触らせて貰えなかったなぁ」

ふてぶてしく言うので、佐藤さんに同情をしたことを私はちょっと後悔した。

妻との思い出話は、下半身のことがほとんどだった。その後も続いた下半身自慢話に飽きてきた私は、佐藤さんを買い物に誘った。ここに来てからすでに二時間近く経っており、コタツで下ネタを喋り続ける佐藤さんが、その気になって私に襲いかかってきやしないか、少し不安になってきたからだ。買い物は介護ヘルパーのサービスには入っていなかったが、佐藤さんが欲情しないよう、人目に触れていれば私の身が守れると思ったのだ。歩いて十五分くらいの所に大型スーパー〈ライフ〉があるという。家の外に出ると、安心したせいか、風が私の体に心地良かった。佐藤さんの足は、かなり細くて危なげだった。私は、佐藤さんの歩幅に合わせて、ゆっくりゆっくりと歩いて行った。まもなく三軒先の、佐藤さんと同年代らしき男性が、玄関口から声をかけてきた。佐藤さんの足取りが急に軽くなり、わざわざ玄関前まで歩いて行くと、

「今度から、この人が来てくれることになった。上田さんだよ」

と、私を紹介した。その男性が、遠慮がちに頭を下げてから、まんじりと私の顔を見つめる。それからまもなく「あっ」という顔になった。

（しまった！　気づかれた）

私は、咄嗟《とっさ》に顔をそむけ、

「早く行きましょう」

佐藤さんにかまわず、先に歩いて逃げた。あわてて佐藤さんが後を追ってきた。その後も、佐藤さんは知り合いに出会う度、まるで新しくできた彼女のように、私は紹介された。〈ライフ〉では、佐藤さんの知り合いに出会わなかったのが幸いだった。私は、赤い買い物カゴを持って、ゆっくり歩く佐藤さんの後ろからついて行った。佐藤さんがカゴに入れたのは、牛乳千ミリリットルパックと、小さいあんぱんの五個入り袋、それから小さいサイズの「カップヌードル」と「どん兵衛」、お惣菜売場にあったパック入りの「おこわ」だった。

レジで佐藤さんは、左ポケットから一万円札を一度に三枚取り出した。が、それは私への見せ金だったらしく、すぐにしまい、右ポケットからガマロのような財布を取り出した。そのガマロの中には、家の鍵も入っている。佐藤さんは、小さく折り畳んでいた千円札二枚と小銭を、時間をかけて取り出しながら支払った。

か弱いお爺ちゃんと思っていた人が、逞しい「男」を剝き出しにして迫ってくる

スーパーの袋を私が下げて、来た道をゆっくりと歩いて帰る。佐藤さんは、しばらく黙って歩いていたが、

「あんた、今日初めて来たのに、なかなかサバサバしてて、気に入ったよ」

と、いきなり言い出した。

「どうも……」

適当な言葉が見つからず、私はその言い方にちょっと「男」を感じた。馴れ馴れしくしすぎたのではないかと、戸惑いながら私は歩いていた。お互い無言は、嫌な雰囲気だったが、近所の人たちに会わなかったので、ちょっとほっとした。

佐藤さんは、ガマ口から鍵を取り出し、家の中に入ると、慣れた手つきでさっさと、牛乳とおこわを冷蔵庫に入れ、カップヌードルとどん兵衛は、三段のカラーボックスに入れた。残っていたカップヌードル一個を一番手前に置く。一人暮らしの不慣れさは感じられなかった。

壁の時計を見ると、午後三時十分になっていた。時計に目をやったそのわずかな隙を狙って、佐藤さんが私の肩に手を伸ばそうとしてきた。（ヤバい！）。私はスルリと逃げて腰をかがめ、目の前にあったゴミ袋を片づけると、裏口まで持って行った。首を下に曲げて後ろを盗み見ると、佐藤さんは手を伸ばそうとした恰好のまま、ポーズをかけられたように止まっていた。（やっぱり）と確信した私の心臓がバクバクと踊り出した。

「さぁ、帰りますね」

取材の残りはどうでもよくなって、私があわてて居間にバッグを取りに戻ると、後ろか

ら佐藤さんが追いかけてきた。はたして、

「二階へ行かないか？」

と、こわばった真剣な顔で誘ってきた。

「二階へは行きません」

ピシャリと言ったが、佐藤さんはまったく動じず、

「布団が敷いてあるから」

と、切羽詰まった顔で言う。

「いいえ。今日はもう帰ります。また電話しますから」

ただならぬ危険を感じて、私は玄関へと急いだ。背中がピリピリと緊張している。

「二万円あげるから。いいから、ちょっと、上へ行こうよ」

佐藤さんは、上機嫌な男の笑顔を見せた。

「いいえ、行きません」

私は本気で怒って、クールに言ったが、

「近田さんは、俺たちに気をきかして、早く帰ったんだろ」

と、佐藤さんはまったく分かっていなかった。むしろ私は、そういう捉え方もあったのかと一瞬、感心した。が、そんな場合ではない。私は、さらに冷ややかな口調で、

「近田さんは、仕事で他のお宅に行ったんです」

と言ったが、

「いや、違う。わざわざ気をきかしてくれたんだから、二階へ行こう。スーパーまで行ってもらって悪いし。お金を払うよ」

佐藤さんの頭の中は、二階へ行くことでいっぱいらしい。

「いえ、仕事ですからお金はいりません」

「いや、お金が二階にあるから……」

ポケットに三万円を入れているくせに、「お金、お金」と言って、階段を昇り始めたが、

「お金はいりません！」

ともう一度、私がその背中に向かって言ったことがヤブヘビとなってしまい、
佐藤さんは、そのまま戻ってきた。このタイミングで、逃げたらよかったのだ。私は、

「そうかぁ？」

後悔しながら、さっさとスニーカーを履いた。

「帰っちゃったら、せつないじゃないか」

佐藤さんが白い眉を八の字にして握手を求めてきた。

一人暮らしの八五歳の男性が言った「せつない」という言葉が、私の心に触れた。

潜入取材とは知らず協力してくれたのだ。私は思い直すと、仕方なく手を伸ばし、握手

をしてあげた。その瞬間、私の手は、ぐっとすごい力で引っ張られた。信じられないほど強い、男の力だった。このまま押し倒されそうで、背筋を恐怖が走った。握手を解こうと何度も手を引いたが、佐藤さんは強い力で私の手を握ったまま離そうとしない。

「ずっと女を我慢してきたんだ。二万円は大きいよぉ。これから二階へ行って、しようよ」

小さな目を見開くようにして、私を睨んだまま、握る手にもっと力を込めてきた。力の差がありすぎて、動けないのだ。佐藤さんに視姦されているようで、私の唇は震えていた。細くてか弱いお爺ちゃんと思っていた佐藤さんが、逞しい「男」を剝き出しにして私に迫っている。

「いたしません。行きません。私は今から帰ります！」

捨てるように叫んでから、私は思いっきり佐藤さんの手を振り払った。手が離れたと同時に、

「あっ」

佐藤さんの声が後ろでしたが、私はもう外に翔《と》び出していた。

「また連絡しまーす」

安全圏に入って安心した私は、玄関のほうに向かって親しげに叫んでから、一目散に駅まで走った。

恐怖心から、心臓が口から飛び出しそうなほど、ドキドキ苦しいほどに踊っている。右手には、強い力で引っ張られたときの男の手の感触が、いつまでもしつこく残っていた。

か細い足腰で、ヨタヨタと歩く佐藤さんに、あれほどまでに強い性欲があるとは……。体は老いているように見えても、性欲や、女性に対する興味は強いままで、老いの欠片《かけら》もない。

佐藤さんに「男」を突然剝き出しにされたそのとき、レイプされるのではと、私は身の危険と恐怖を感じた。五月さんが施設内で襲われそうになったときも、こういう恐怖だったのだ。施設内なら、まだ人がいるが、訪問介護の場合、一対一で危険にさらされることもあり得るのだ。私は、その現場に行っても、拒絶するばかりで、五月さんのように、笑って粋な言葉を返してあげることなど、まったくできなかった。

体という器が年を取っても、性欲は健在だ。

年を重ねた男女を、人々が勝手にお爺さん、お婆さん呼ばわりしたり、接したりしているだけなのだ。年を重ねても、体年齢や脳年齢など、人それぞれ違うのだ。

今や、昨日より今日、今日より明日、日増しに後期高齢者が増えていっている。性欲だけでなく、後期高齢者たちの心と体について、国も、廻りの人も、真剣に取り組んでいかないと、元気な高齢者たちは、どうしたらいいか分からず、「性の老難民」だらけになってしまう。「高齢者」と、たかが年齢というナンバーで仕切られても、本人たちの心も身体も高齢者には至っていない。性の問題だけではない。年齢に、心も身体もそぐわない「老難民」が、これからどんどん増えていくことだろう。ときに老人、ときに赤ちゃん、そしてときに野獣にもなりうる人々を理解した上で、力を貸してくださる介護職の人々が、もっともっと評価されなければいけないと、改めて私は強く思った。

あのオヤジ遣いの五月さんでさえ、未だに訪問介護は敬遠している。私も、訪問介護の大変さを、この取材によって、少しだけだが理解させてもらえることができた。

介護の仕事だけでも大変なのに、一部のエロオヤジの世話まで加わるとなれば、人のお世話や介護という仕事がよっぽど好きでないと、この仕事は続けられないのではないかと、私は感じた。もし、私が本物の現職のヘルパーで、あのとき、佐藤さんに押さえつけられて逃げられなくなっていたら、退職覚悟で、ぶん殴っていたかもしれない。そうして虐待したとして通報され、逮捕されていたかもしれないのだ。

case 02

「独居の男性、佐藤さんの性欲」

case 03

「女性は、思考が蜂の巣の中のように、あっち行ったり、こっち行ったりできるから、一つのモノを見て百のことを考えられる」

デリヘル嬢になった理由はお金が一番。あとは四十代のうちにもうちょっと女を磨きたいという気持ち

しかし、その訪問介護という現場の仕事が大好きという女性がいる。十一年前から介護の仕事をしている森田早苗（仕事名）さんは、訪問介護を始めて一年になる。十二年前、八年間の結婚生活にピリオドを打ち、無資格のヘルパーとして特別養護老人ホームで働き始めた。二年後、デイサービスで働くようになり、昨年からは訪問介護をしている。高齢者だけでなく、若い障がい者支援もしている。

そして、三ヵ月前からは、〈五十路マダム〉で、「一日お一人様しか取らないデリヘル熟女」としても働いている。

早苗さんが、約束の場所に現れたとき、二八歳くらいの事務職風の女性に見えた。紺のセーターに紺のミニスカートを合わせ、青いスニーカーを履いている。素顔に近いナチュラルメイクで、マニキュアもしていない。

「訪問介護をやってます。資格は介護福祉士（＊1）もケアマネジャー（＊2）も取っていますけど、私は現場が好きで……」

一重まぶたのつり目と、引き締まった口元を持つ早苗さんの知的な顔と、まったりとした甘い声が、妙に不釣り合いだった。早苗さんの実年齢は四四歳だった。驚いている私の

心を読み取ったのか、早苗さんが、コロコロと甘い声で笑った。芯の強そうな明るい女性だった。

早苗さんの父親は国家公務員で、両親は娘を囲うほどに厳しく躾《しつけ》をしてきた。そのせいか早苗さんの初体験は遅く、二十歳のときだった。職場で知り合った妻子ある年上の男性で、かなり「女たらしのテクニシャン」だったそうだ。

二四歳のとき、不倫の彼とは別の同僚と結婚をし、都内でレストランのウェイトレスや店員など接客業のパートをしながら二女を育ててきた。ところが、「家を買ってあげるから同居しよう」と、早苗さんの両親が提案したことから、結婚生活が破綻に向かってしまった。夫は転職までし、家族四人で実家のある西日本に移ったのだが、早苗さんが(ダメになるだろうな)と危惧した通り、長女(現十八歳)と夫は、どうしても早苗さんの両親とうまく生活していくことができなかった。同居から八年後、ついにキレた夫が、早苗さんの父親を殴って離婚をした。以来、長女を父親が、次女(現十二歳)を早苗さんが引き取って、広島近郊の町で生活をしている。

「介護の世界に入ったとき、抵抗あるかなと思っていたら、汚いものも触ったり見たりしてきた三十歳過ぎという年齢のせいか、結構なかったです。私、十代、二十代の頃、ＯＬ時代も、痴漢やセクハラに当たり前のように遭って、イヤな思いばっかりしてきたんです。

だから介護という仕事で、人の体を触ったり触られたりというのは、最初から全然抵抗なかった、というか、むしろ好きなんですね。現場にいつまでも出ていたいから、（ケアマネジャーとしての）正社員の話を断り続けているんです」

だから収入も少ない。週五〜六日入って、一週間に三五〜四十時間。早朝や夜の勤務もある。ボーナスはなく、月十四、五万の手取りも、だんだん金額が落ちてきているという。それでずっと接客業のパートと二足の草鞋を履いてきたのだが、ついにデリヘル嬢になる決心をした。その理由を尋ねると、早苗さんはしばらく考えてから口を開いた。

「お金が一番だったりするかもしれない。それと、バツイチで淋しかったというのと、あとは四十代のうちに、もうちょっと女を磨きたいなっていうのもあって……」

言いにくいのか、早苗さんの口調がだんだん重くなっていった。が、

「五十歳になったら、もうできないと思うから」

最後は短く笑って、いつもの早苗さんの笑顔に戻った。

「私は、人と接することが好き。介護もそうだし、デリヘルの仕事も、その延長に近い感覚を持ってるんです。でもデリヘルは、すごく稼ぎたくてやっているわけではないんですね。すごく稼ぎたかったら、デリヘルを本業にしたらいいわけで、むしろ逆なんです。デリヘルを始めてから、もっと人のことを考えられるようになったんです。介護の仕事が滑《なめ》らかになったというか……。訪問介護って、独特なんですよ。その人の家に行って一対一

でやることなんで、個室のようなものです。取っかかりにくかった訪問介護の仕事が、デリヘルをやるようになって、スーッと抵抗もなく入っていけるようになったんです」

個室という言葉が、私の心に突き刺さった。そして私は、自分の感情剝き出しの、あの偽《にせ》ヘルパー体験を思い出していた。と同時に、新宿歌舞伎町で年中、取材をしていた頃のファッションヘルスの店内の、板一枚で仕切られた狭い個室が頭に浮かんだ。お宅を訪問するということは、個室に入るも同然。閉鎖された室内で、ヘルパーさんがお世話をするわけで、何かが起こる可能性も十分にあり得る。

高齢男性にとってヘルパーさんは、すべて年下の女性ということにもなる。多くの男性は、年下女性を好む。セクハラなどの問題が起りうる危険を孕《はら》みながら、今日も介護職の人々は、安い賃金なのに、笑顔で体を張り、頑張って仕事をしている。

ところが早苗さんは、デリヘル嬢を始めたことにより、訪問介護への抵抗が消えたという。その反面、デリヘル嬢という職業に関しては、慣れることなく、三ヵ月経った今でも抵抗がある。

「その客《ひと》のことを恋人みたいに感情移入してしまうので、何時になったら終わって次の客《ひと》、その次はこの客《ひと》っていう感覚で、デリヘルのお仕事ができないんです。それで私は週三回、『一日お一人様限定』で働いているんですね。いつでも身を引けるくらいの薄い感じがいいかなと、薄～く薄～くいこうと思ってやっています」

サッとそこまで甘い声で言って、早苗さんはゆっくりとコーヒーを口にした。その〝萌え〜〟とした甘い声と、高齢男性の好きそうな、見るからに丸くて柔らかそうな体の早苗さんのことを介護と風俗どちらの世界の男性もが、放っておかないのではないかと私は思った。それを言うと、早苗さんは惜しげもなく口を開けて、高い声で笑い飛ばした。

「そういうのって、イヤだなって思う時期もありましたよ。でも、三十代、四十代って年を重ねてきたら、色仕掛けでも何でも、お爺ちゃんたちに喜んでもらえることが嬉しくなったんです。要支援1の人は、凄くお元気なので、色目線で来ます。こっちがしっかりと、声掛けをして、お相手してあげたり、ちょっと肩でも揉んであげたりすると、すごく照れながら、『あのピンクのエプロン、今度着けてきて』って言われることもあります」

早苗さんは、「介護職の森田さん」の真顔に戻っていた。

話を聞いていると、私の目は、ついその唇のほうへ向いてしまう。早苗さんの唇は、理知的でよく動く。ところが、話題が〈五十路マダム〉に及ぶと、時折、その締まった口元がとてもいやらしく見えるのだ。そのいやらしさが実は、男性がほっとできる隙であり、癒しになっているのではないかと、私は思った。

「親がとにかく厳しかったから、嫌われるのが怖くて、嫌われないようにと常に思いながら育ったんです。だから介護でも、デリヘルでも、相手にも私を好きになってもらいたいと思ってやっている部分もありますね。とにかくお話を傾聴してあげる。相手に合わせてあげる。優しく接するという部分では、訪問介護はデリヘルとちょっと似てるなって思うんです」

淋しいお年寄りが多すぎる。とにかく人と繋がっていたい。性的介護が産業的に出てきても不思議ではない

早苗さんがそう言えるようになったのには、理由がある。それは、介護の世界でもデリヘルの世界でも、大勢の孤独な高齢男性と接してきたからだった。

「介護サービスの事務所に、よく遊びに来るお爺ちゃんがいるんです。淋しくて淋しくて散歩のついでに立ち寄っては、事務所の誰かを捕まえて、話をして帰るんです。そういう人は、一人暮らしのお爺ちゃんが多いんですね。居宅を訪問すると、ヒシヒシその淋しさが伝わってきます。奥様に逃げられちゃったって人がほとんど。結婚したことがないっていう六十代の人もいっぱい見てきています。嫁を貰わず、年老いたお母様と、ずっと二人できちゃったという息子とか……。施設に入所していると、その淋しさがピンとこないかもしれませんけど」

早苗さんの働く施設では、カラオケ同伴や、映画同伴、旅行同伴など、介護保険外の移動支援がある。

カラオケは、視覚障がい者に対しての歌詞を読むという支援であり、旅行は主に、お墓参りをもう一度しておきたいという高齢者支援で、この場合、同性のヘルパーが同伴する。個人契約による移動支援の料金は、早苗さんの施設の場合、一時間四千円、移動交通費は実費、経済的余裕がないと、なかなか受けられない支援だ。「性の老難民」がますます増える将来を考えると、性的介護というものが産業的に出てきても、不思議ではないと早苗さんは言った。

「九十代の淋しいお爺様もいらっしゃいます。会話を求めるのであれば、ヘルパーに会話をいくらしてくれてもいいんです。家の掃除をしてもらいたいんじゃなくて、誰かにそばにいてもらって話を聞いてもらいたいんじゃない？　って、ほとんどの利用者さんに対して思います。温もりとか繋がりとか、とにかく人と繋がっていたいんですよ。だから掃除が疎《おろそ》かであっても、愛想の良い、優しいヘルパーさんが求められるんです」

　早苗さんは、そこまで言って、おでこを手の平で撫でつけた。マニキュアをつけていない爪は、早苗さんの容姿と同様、ナチュラルで美しい。早苗さんに淋しさの埋め合わせを求めてくるのは、介護施設の利用者だけでなく、デリヘルの中高年客にも多いという。

「指名されてラブホテルに行ったら、部屋の隅にスーツケースが二つ。『母親の一周忌で九州へ行ってきたんだ』って、お客様が話を始めちゃったから、服を脱がしながら聞いてあげて……。終わったら、『いつ死んでもいい』って、すごい喜んでくださいました。『母親が今、特養に入っているんだけど……』と、相談をしてくるお客様もいます。今、お年寄りの変な犯罪が多いですよね。若い子や小っちゃい子にストーカーするぐらいだったら、デリヘル呼んで発散すればいいのにって、店の女の子たちと、しょっちゅう話をしているんです。ちゃんとお金を払って、正々堂々と遊んでいるんだから、浮気でも何でもない。私、お客様をすごく尊敬します。それを家族の方々にも理解して欲しいんですよね」

デリヘルで早苗さんが相手にするお客様の中では、むしろ三十代のほうが、元気がないそうだ。勃たない、射精できないという若い男性たちが、早苗さんに助けられている。

「マザコンの人もいます。優しく擦ってあげたり、『気持ちがいいことしましょうか』と、ちょっとサワサワサワサワサワしてあげると、不思議とちょっと硬くなったりするんですね。嬉しいですよね。でも私、高齢の方で勃たない人には、会ったことがありません。九十歳でも元気です。エッチができてる男性って、まず認知症がきませんね。体の機能がしっかりしているからでしょうか」

意外な事実だった。九十歳であろうと、年齢《ナンバー》に関係なく性欲があり、淋しいという感情もある。

私は男性でないし、その年齢にも達していないので、これまで分からなかった。私だけでなく、多くの家族たちさえも、自分の父親や祖父の抱える性の現実や悩みを知らない。

高齢の政治家がとても多く存在するのに、どうして同じ高齢者たちに、もっと目を向けないのだろうか。施設に入ってしまったら選挙のとき、投票所に行かれないからと、高齢者を国が見捨てるのはあんまりである。ならば、代理投票制度や、施設で投票できたり、バスで投票所に行けたりするシステムを作ったらいい。そして、そういう高齢者たちを支援する仕事が、なぜ高い評価をされないのだろうか。介護職の人々によって、介護や生活を支援するだけでなく、人と人、そして人と社会とを繋げてくれているのだと思う。

「淋しいというのが、一番堪《こた》えると思うんです。わぁーっていう感情でなく、沸々と淋しさが湧いてくるのだと思います。男性の多くは、仕事と女以外に燃えているものがあるときって、女をシャットアウト、度外視できるんですよね。でも、それがないときって、女に向かう感情ってすごいものがあると私は思うんです。だからストーカーも起こっちゃう。女性より男性のほうがコントロールが上手くできないのかもしれませんね。私は、精神的な面でもお相手できて、癒しを与えることができたら嬉しいと思います」

早苗さんが再び「介護職の森田さん」の顔に戻り、言葉を選びながら慎重に話し始めた。パワーストーンの数珠を巻いた手で、額を撫でる。早苗さんの癖なのかもしれない。私は次に続く言葉を待った。

「女性は、頭の中が蜂《はち》の巣状態で、いろんな所に部屋があって、自由に同じ室内の門を出入りができるのに、男性の場合は、扉が一戸一戸、常に閉まっている状態で、一つの扉を一度閉めてから次の扉を開けてって、一々ドアがついている状態なんですね。女性は、思考が蜂の巣の中のように、あっち行ったり、こっち行ったりできるから、一つのモノを見て百のことを考えられると私は思うけど……。燃えているものがあって、仕事をされてる男性が、性的に女性を求めているときと、定年退職された男性や、燃えるものを失くした男性が、女性を求めているときと、ちょっと違うと思うんですね。『今は仕事があるからいいけど、六十、七十になったとき、絶対に淋しくなると思う』と五十代のお客様たちからよく聞きます」

介護ヘルパーとデリヘル嬢。

二つの職業をこなす早苗さんだからこそ言える説得力ある言葉だった。介護職では、無口で無愛想なお爺ちゃんが、早苗さんだけにニコニコして「ありがとう」と言ったり、「早苗さんが来ないなら、代わりはよこさんでええけ」と都合がつかないときに不機嫌になったりするのも、早苗さんに淋しさを埋めてもらえるからではないだろうか。

「居宅をやるようになって、かなり考え方が変わったんです。前より丁寧になりました。『介護だからこうしなさい』ってマニュアルはありますが、(この人は、こういう風にしてもらいたいのかな)って、オムツの当て方や、ボディタッチを、その人その人に合ったやり方を考えて、勝手にやっちゃうとこがあります。規定外でも、肩とか腕を触ったり、手を握ってあげたり。手をさすってあげると、すごく落ちついてくれたりする。タッチングケアというんですが、デリヘルのほうでも同じです。最初に、お客様のそばに坐って手を触りながらお話をします。ヘルパーの中には、利用者さんの目を見ないで話す人もいますが、ドアを開けた瞬間に目を合わせて、コンニチハってニコッと笑う、これが基本です。それだけで心のドアがバーンと開いた気がして……。介護もデリヘルも、他の職業でも、同じですよね」

ようやく早苗さんの顔から緊張が消え、まったりとした萌え系の雰囲気が戻ってきた。

介護の仕事のストレスを、デリヘルの仕事で発散しているのかもしれない

早苗さんの毎日は忙しい。居宅ヘルパーなので、就業時間は一定していないが、現在は、午後七時か七時半に終業している。デリヘルの仕事は、週三回、ヘルパーの仕事を終えた後の二十時半から二二時までで、一晩にお一人様しか絶対に取らない。そのデリヘルの仕事を終えると、遅くまでヘルパーの仕事をしていたフリをして家に帰る。

ヘルパーの仕事を終えてからの着替えは、駐輪場に自転車を止めて、広島駅前の「エールエール」（ファッション・ショッピングビル）のトイレで早業《はやわざ》を使ってする。靴をおしゃれ用に履き替え、ヘルパーの制服であるパンツから、スカートの服に着替え、ノーメイ

クの顔に、ナチュラルメイクを施す。トイレの中で七変化を終えると、待ってくれているデリヘルのドライバーさんの車に、広島駅前で乗り込む。

「昼間、〈カサブランカ〉の事務所付近を、介護の仕事で自転車やスクーターに乗ってウロウロすることもあるんですが、事務所の人や女の子に会っても、私だって気づかないんですよ。デリのほうでも、地味で、あまり目立ちたいとは思っていませんが」

だからだろうか。同居している親にも子どもにも、まったくバレていない。本業が休みの日は、子どもサービス日《デー》だ。子どもの相手と家事を一気にやるという。もし、バレたら、どうするつもりだろうか。

「親にバレたら、(もう家、出ればいっか、これで縁切れるな)ぐらいの感覚です。子どもにバレるのも全然怖くありません。正直に全部言えると思っています」

早苗さんは、何かを断ち切ったように、サッパリと言った。

月数回働くつもりでデリヘルの面接へ行き、やってみたら週三回になってしまった。一回一二〇分コースで、料金を事務所と折半し、早苗さんの手取りは一日、一万～一万千円。それでも月に十二、三万になる。そのお金は、生活費と子どものことに主に使う。自分のためには、デリヘル嬢のときに纏《まと》う下着や、服を買う程度しか遣《つか》っていない。一ヵ月めいっぱい働く介護の仕事と、月収はあまり変わらない。労働内容が大変なのに収入の少ない介護の仕事と、立場を逆転させたら忙しさも減るのにと思うのだが。

「私は今のところ、逆転しないですね。それは介護の仕事が好きだから。介護の仕事は安いです。安くて有名ですよね。うん、安いです、安いです。でも、介護そのものに私は重きを置いているんですね。お金じゃなくて……私は介護が好きなんです！」

早苗さんは「安い」を連発した。

なのに、〈五十路マダム〉の副収入を生活の足しにしながらも、介護の仕事をずっと続けていきたいと言う。こういう頑張り屋の女性たちに、私たちの老後は支えられるのだ。収入に似合わないオーバーハードワークは、よっぽど好きでないと、心も体も負担が大きすぎて、長く続けることができない。

私は思わず合掌して、早苗さんに「ありがとう」と言ってしまいそうになった。

「もしかしたら、介護の仕事のストレスをこっち《デリヘル》で発散しているかもしれませんね。おかげで、プラスとマイナスで、どっちの世界でも、いろんなことが許せるようになりました。飽きがこないように両方とも自分で細～くしてるんです。濃くすると短くなるので、細～く細～く。仕事だけでなく、そういう風に男性と将来、お付き合いできたらいいんですけどね。固定の彼氏は、もう一生いらないと思っています」

それはデリヘル嬢になって、男性の裏側まで見てしまったから出る言葉かもしれない。私の心が少し翳った。しかし、デリヘルをやって失ったものは？　と尋ねる私に対し、早苗さんは、

「ああ〜。ないですね。ドップリ浸かってないから」

大きく口を開けて、カラッと笑っている。いつの間にか、その笑顔に私も癒されていた。

＊1　**介護福祉士**　養成施設に二年以上、または、福祉系高校卒、または、実務経験三年以上+実務者研修四五〇時間を得ると国家試験を受ける資格が得られる。介護福祉士国家試験の受験者数は、ここ十年あまり十三〜十五万人前後で推移し、ここ数年の合格率は60％台。

＊2　**ケアマネジャー**　介護支援専門員。介護を必要とする方に最適なケアプランを立て、サービスの調整を行う仕事。医師、歯科医師、介護福祉士、社会福祉士、精神保健福祉士、薬剤師、保健師、助産師、看護師、准看護師、理学療法士、作業療法士などの実務経験五年以上で受験資格が得られる。ここ十年あまりの受験者数は十四万人前後で推移し、ここ数年の合格率は15〜20％台。

case 03

「女性は、思考が蜂の巣の中のように、あっち行ったり、こっち行ったりできるから、一つのモノを見て百のことを考えられる」

case 04

「オムツ交換をしているときに、
手は私のお尻を触っていました。
でも本当はお尻じゃなくて、
人のぬくもりを求めていたんです」

case 04
「オムツ交換をしているときに、手は私のお尻を触っていました。でも本当はお尻じゃなくて、人のぬくもりを求めていたんです」

動かせないはずのお爺ちゃんの手が、私のお尻を触るために動き出す

広島の早苗さんは、ケアマネジャーの資格を持ちながら、あえて好きな現場を選び、訪問介護をしていた。実は東京にも、事務職になるのがイヤでケアマネジャーの資格を取らず、現場でずっとヘルパーをしてきた女性がいる。しかし、重労働で多くの人が辞めていくように、谷口美奈子さん（仕事名・五十歳）も肩を傷めて、利用者さんを介助できなくなり、一年前、介護職を引退した。未だに肩と腕は回復していない。

オレンジ色の薄いワンピースを纏った美奈子さんは、満面の笑みを浮かべながら私の前に現れた。メロンのように大きな胸と、ツルツルで血色のいい丸顔に、つい目が行き来してしまう。この「まあるい」感は、エロお爺ちゃん好みと、私はこれまでの後期高齢者取材から直感した。

「私ずっと、廻りの人から十中八、九、『介護や福祉をやったほうがいいんじゃない？』って言われ続けてきたんです。介護どころか、オムツ替えさえしたことなかったのにね。でも、小さいときから、人のために何かすることが大好きで。高校卒業後、経理の仕事をしていたんですけど、結局、二五（歳）のときに都内の病院でヘルパーとして働き始めました。ヘルパーの資格もそこで取って。その後、主任の仕事がきてもお断りして、現場だ

けを通してきたんです」

病院のヘルパー（看護助手）を三年勤めた後は、特養（特別養護老人ホーム）、老健（介護老人保健施設）、デイサービス（通所介護）、ホームヘルパーなど、すべての介護職を勤めてきた。それでもケアマネジャーの資格を取らなかったのは、

「身体介護が、どうしてもやりたい仕事だったんです。体を動かしたかったから」

美奈子さんは、収入よりも現場のやりがいを選んだのだ。

「生活できればいいと思ってたから」

ハスキーな低い声で淡々と言ってから、美奈子さんは肉づきのいい唇を綻ばせた。

給料は、夜勤が月に五、六回入って手取り約十八万だった。けれども美奈子さんは、あえて記録に付けず、サービス残業を度々していたのだ。

「お誕生日会のカードや、イベント招待のカードとかを終業後、職場で作ったり家に持ち帰ってやったりしていました。高齢になってくると、お誕生日にお祝いされることが少なくなってくるから、せめてケーキが目の前にあったらいいなと思うんですが、ご病気で食べられないお爺ちゃん、お婆ちゃんもいて。それで大っきなバースデーケーキを木工用の白いシリコンで作って、蠟燭を立ててお祝いしたり……。勤務中は介護の仕事で忙しくてできないので、いつも終わってからです」

これらも仕事のうちと思うが、残業をつけず準備をしていたとは。それほど美奈子さん

は介護の仕事が好きなのだろうか。夜勤のときでもナースコールがあり、勤務中には工作をすることができなかったという。

「介護の仕事に、はまってしまいました」

美奈子さんは、ピンクの縁取り眼鏡の奥を細めて笑った。

「笑わせたかったですね。笑ってもらえない利用者様や患者様が、笑ってくれるようになることが、一番嬉しいんです。笑わせてきましたよ。私、歌が下手で音痴なんですけど、カラオケで、梓みちよさんの『二人でお酒を』をあぐらをかいて歌うと、皆、笑ってくれるんです」

明るくて、利用者さん思いで、仕事熱心な美奈子さんにとって介護の仕事は、まさに天職だった。その上、「まあるい」体と、ふくよかな顔は、見ているだけで相手を安心させ、癒してくれる。私がそう言うと、

「あ、すごいモテました。私、短気なのに、話してると癒されるみたいで、用もないのにナースコールで呼ばれることも多かったです」

美奈子さんは、カラッと笑った。とはいうものの、お爺ちゃん利用者の十人に三人以上が、エロ目的で癒されたくて美奈子さんを求めてくるのだ。中には、片麻痺（体半身の麻痺）で、喋りも笑いもせず、食事も自分で取れないという八十代のお爺ちゃんもいた。

「口髭があって、すごくダンディな方ですけど、私がお世話に行くとニターッてちょっと

笑ってくれるんです。手も動かせないのに、私のお尻に手がくるんですよ。ベッドでお世話してると前かがみになるから、胸を触りにきます。動かせないはずなのに私のときだけ。『今日はお尻を触られました』『胸を触ろうという意思表示が見られました』って、申し送りノートに書いても、同僚に信じてもらえないんです」

そこで美奈子さんは、ある日の夜勤のとき、同僚に遠くから見ていてもらった。はたして動かせないはずのお爺ちゃんの手が、美奈子さんのお尻を触ってきたのだ。変化は、それだけではない。美奈子さんの体を触った翌朝、オムツに白い粉が必ずついていた。

「介護さんが、ナースさんに『これ、何でしょう』って、白いカサカサした粉を見せに来ていました。精液ではないかってことになって。ちょっと性欲が出てきたから、いい回復の兆しって期待していたんですけど、私が辞めてからは、白い粉は出なくなったそうです。体を触れて、本当に嬉しかったんだと思いますよ」

美奈子さんは、メロン胸を揺らして笑うが、完全片麻痺のお爺ちゃんのリハビリを美奈子さんの体が助けているということになる。それで平気なのか？　けれども美奈子さんは、もっとメロン胸を揺さぶって笑った。

「触りにきますよね。でも私は、それで元気になってくれるならいいかなって思って。施設には喋れない人が多いんですが、『触りたい？』って聞いてあげると、鼻息が荒くなって皆、ニターッって笑うんです。喋れる人は、『触りたい』って言うから『じゃあ、どうぞ』って。減るもんじゃないしね。すぐ手が、私の下半身にいってます。私の手を自分の大きくなった下半身に持っていく人もいましたし。でも皆、いい方ばっかりでした。私、本当にかわいがってもらえましたね」

美奈子さんは、ヘッヘッと息を細かく切りながら照れを笑い飛ばした。美奈子さんの体によって回復に向かった男性たちは、下が六十代後半、上が八十代後半だったという。皆、美奈子さんの夜勤のときを狙っていたようで、他の介護さんがお世話に行くと、「今日、夜勤誰？」と、度々聞かれたそうだ。

そういう美奈子さんの目に止まったのが「セックスボランティア」という言葉だった。美奈子さんは、介護の仕事をしながら、中高年専門のデリヘル〈こころあわせ〉で働き始めた。三年ほど前のことだった。美奈子さんには、十五年前に結婚して、八年前から別居をしている会社員の夫がいる。別居の原因を尋ねると、

「ダンナ様に彼女ができたから。その人と続けていくなら私も自由にさせてくださいって言ったら、『いいよ』って。ダンナ様は今、その彼女と別れて次の彼女がいるし、私も二人目の彼がいます。ダンナ様とは仲いいですよ。離婚しないのは、別れてもお互いにあんまりメリットがないから」

こちらが思わず引いてしまうほど、美奈子さんはサラッと言った。

介護職で肩を傷めて手も動かせないから、デリヘルの仕事はたいてい口でやっています

介護職の給料では、別居生活をするのに十分ではなかったこともあるが、奉仕の気持ちがあって、デリヘルで働き始めたという。

美奈子さんの現在の彼は、六十代後半で、ダブル不倫だ。介護職を辞めた今は、元彼名義の投資用マンションに格安家賃の三万五千円で住まわせてもらっている。そして生活費稼ぎのため、熟女系のデリヘルで働いている。

「肩が痛くてナースコールも取れなくなっちゃったんです。介護の仕事ができなくなってから、日本料理屋で、お運びさんもしました。でも和食器はすごく重たくて、結局デリヘルに……。肩が痛くて手が使えないから、口でやっています。肩が治ったら、また介護に戻りたいんですよね。でも今度は腰も痛めちゃうかな?……」

美奈子さんのふくよかな顔から笑みが消えて、淋しげな表情が現れた。体を傷めるほど重労働で、賃金が安いわりに責任が重く大変な仕事なのに、介護職が本当に好きなのだ。

話が途切れたのをきっかけに、中高年専用デリヘルの話題に変えると、すぐに美奈子さんの顔に笑みが戻った。

「もう男性機能がないけど女性に触れたいっていうお客様も来ます。自分ができなくても、お店の子だったら遊んでもらえるから。できるんだけど、奥さんが亡くなられて淋しかったから来たってお客様も多いんですね。それと、『今日、奥さんいないから来た』って、雑誌や新聞の切り抜きを持って来る人とか。『本当にダメだよ、勃たないよ』って言ってる人にも、時間いっぱいは、フェラで頑張ります。でも好きじゃなきゃ、この仕事できないです。それと、団塊の世代は、自己中的な人が多いですね」

団塊の世代といえば、ブルセラ（＊1）や援助交際（＊2）を誕生させ、流行らせた世代である。大変な時代をがむしゃらに走り抜けてきただけに、未だ脂ぎったエネルギッシュなオヤジが多いのだろう。

ところが、四十代に下がると優しいお客が多く、二十代では、お姉さんやお母さんをデリヘル嬢に求めて来るお客が多いという。現在、美奈子さんが働いているところは熟女専門なので、六十代にまったく見えないのに六十代ということにして、お菓子や飴をお客にしつこく勧めたり、六十代の熟女っぽく振る舞っているそうだ。

「デリの仕事をこの先もしていくなら、私は六十代までと思ってますけど、プライベートだったら、年齢制限はありません。死ぬまでと思っています」

その男性が病院を追い出されるのは可哀相だから、黙って触らせてあげました

実は美奈子さんは、介護施設で見かねて、いわゆる「性的ボランティア」をしてしまったことがある。

相手は、糖尿病が悪化し足を切断されたが車椅子に介助なく乗れ、身の廻りのことは何でもできるという四十代後半の男性だった。ところが施設なので、散歩に行くのにも、介護者がいないと外出できない。

「一人部屋で、その世界しかなかったんです。女性に触れることができなくて可哀相だなと思っていたときに『ちょっと（胸を）触っていい？』と誘われました。ステーション内では、『触り癖があるから注意して』『もしまたやったら、ここを出て行ってもらわないと……』と、その利用者さんを嫌がっていました。その男性が病院を追い出されちゃうのは可哀相だと、最初は同情かな？」

利用者さんが、「ちょっと触ってもいい？」と聞いてきたのは、ヘルパーの美奈子さんが、部屋の掃除をしている真っ昼間のことだった。美奈子さんは「どうぞ」と言って五分くらい、服の上から胸を触らせてやった。

case 04
「オムツ交換をしているときに、手は私のお尻を触っていました。でも本当はお尻じゃなくて、人のぬくもりを求めていたんです」

脳梗塞《のうこうそく》で言葉も喋れず、全介助に近い七十代後半の利用者さんもいた。

「脳梗塞で『あ、あ』とか、『うー』しか喋れなくて、生きてく気力を失って、笑ったところを見たことがないお爺ちゃんでした。私、笑わせたくてしょうがなくて、笑えるような話をしていったんです。そうしたら、お尻触りから始まりました。オムツ交換をしてるときに、足を全開状態のまま、手は私のお尻を触っていました。本当はお尻じゃなくて、人のぬくもりを求めていたんです。奥さんを若いときに亡くして、一人で子どもを育ててきたんだって。男として生まれているのに、お父さんの人生、ちょっと淋しいよね、それは」

その男性は、美奈子さんの体を触っても下半身の反応はなかった。それでも、美奈子さんのお尻を触ることが嬉しくて笑うようになり、やがて生きていく気力を取り戻すことができたのだ。

介護者のお尻を触るなんて、許されることではない。けれどもお尻を触らせてもらうだけで、生きることさえ放棄していた男性が、生きる意欲や喜びを取り戻せるとは――。美奈子さんは、こうして生きる力を失った人々を笑顔で救っている。とても私にはできることではない。しかし、そういった「エロ欲」まる出しの男性たちの真の姿をその利用者の家族はもちろん、世間も知らない。なのに介護職の人々だけが、大変な思いをしている。

中には、オムツ交換中の清拭《せいしき》（病人などの体をタオルなどで拭いてきれいにすること）のときに、下半身を反応させている利用者さんもいる。

「反応しちゃう人が多いんです。でもアソコが大きくなったままの状態だと、オムツのなかに収まらないんですね。小っちゃくなったとき、オムツがずれて漏れちゃって、次の交換のとき大変なことになっちゃうんです。だから『ちょっとイキますか？』って聞いてあげるんです。そうするとニコッと笑うから……イクまでやってあげます。三分で終わる人もいれば、長くなっちゃう人も……。本当は、介護でないのかもしれませんが」

美奈子さんの歯切れは、どんどん悪くなっていった。

利用者さんたちに希望を与えて、心と身体のケアをしているとはいえ、美奈子さんのしてきたことは、明らかにやってはいけないことなのだから。

いつの間にか美奈子さんの顔から笑みが消えていた。真摯な眼差しが私に注がれていた。

「もし私が男で、寝たきりの状態になったら、生きる希望がない。家族のために妻のために、ずっと一生懸命働いてきた。頑張ってきたのに、こんな様《ざま》かと……。死を待つだけの状態。でも、男性としての機能が残っているのであれば、癒されたいって私ならきっと思う。だから私で癒されたらいいなと思ってやっているんです。可哀相というよりも、自分だったら、そうされたら幸せだなという想いのほうが強いかもしれない」

しかし、それは施設内でのルール違反だ。言動がままならない利用者たちなので、他の人に喋ってバレるということはないだろうが、これが当たり前と、他の介護士さんにも求めてきかねない。

「それは密室の合意。お話できる人には『他の介護士《ひと》に手を出したら、もう私はしないから』と、ちゃんと言いきかせています。オムツ交換のときだけじゃなくて、休み時間に様子を見に行ったときにも興奮しちゃっているので、私にとっては仕事の一環なんです。バレたらバレたで、『じゃあ、あなたは、寝たきりのこの人に生きる希望を与えられますか？』くらいは言えるかなって思っています」

美奈子さんは言い切った。性のことを語っているのに、その口調には少しもいやらしさや卑猥《ひわい》さが感じられない。むしろすがすがしささえ感じられる。

私は、何も答えられなかった。寝たきりの男性に、生きる希望を他にどう与えてあげることができるだろうか。目の前に生きる希望を失っている人がいたら、私は僧侶として何ができるだろうか。心の中で答えを捜している間にも、美奈子さんの話は続いていた。

介護の本質とは、相手のニーズに合わせること。だから私は、性欲だって処理してあげたい

美奈子さんは、「（性欲を満たしてやるのは）介護という仕事の一環」と言ったが、介護

以上の「手助け」をするようになったのには、きっかけがあった。それは、食事の介助をしている一部のホームヘルパーの姿を施設で見てしまってからだった。

「私が一番嫌なのは、食事介助のときに、全食食べさせようと、無理やり口にものを突っ込んだり、時間を短縮するために、ご飯の上にお新香やおかずの煮物を入れて混ぜてしまったりすること。そんなんで美味しいとは思えません。栄養になるから全部食べてもらいたいと、介護士として私も前は思っていたんですね。でも食べたくないものは、食べたくないんです。動いていない人が、そんなにお腹空くわけじゃないし。食事を全部食べさせようっていう私たちの考えは、傲慢《ごうまん》でエゴなんだって、ようやく分かったんです。だったら『されたい』って思われる介護を私はしたいんです。ご飯は半分でいいから（施設の）外に出たいとか、お風呂は嫌いだから回数を減らしたいとか、できる限り、相手のニーズに合わせてあげたいんですね」

　介護される側としては、美奈子さんは、まさに理想の介護士と言える。誰もがこういう気持ちで介護をしてくれたら、昨今の介護関係者による施設内での事件は減少することだろう。しかし、話を聞いていると、今の重労働低賃金の介護の現状では、よっぽど仕事が好きでないと、介護の理想を全うすることはとても難しそうだ。そういう中、美奈子さんは相手のニーズに合わせて、下半身の欲望処理まで手助けをしている。私は男性の体のことはよくわからないが、本当にそこまでしてあげる必要があるのだろうか。

「生きる希望っていったら、三大欲。食欲、性欲、睡眠欲で、その中の一つでもあれば、生きていく喜びがちょっとはあると思うんです。ここは、死を待つ監獄《かんごく》。三畳くらいのこのお部屋が、その人の死ぬまでの生活の場所なんです。寝たきりの人なら、一畳分のベッドの上がすべての生活の空間です。左にティッシュ、右にタオル、生活必需品が全部ベッドの上の頭の所にあるんです。生活の場なら、そこで性の営みも行われてもいいはずですよね。ただただ毎日を過ごさなきゃいけないベッド生活で、生きていてよかったっていうか、生きていることの幸せを感じてもらえるようにしたいと、私はお手伝いしているんです」

「死を待つ監獄」。「三畳が死ぬまでのすべての生活の場」。

その言葉が私の心を痛いほどに打った。プライバシーも保てないベッドの上だけが、終《つい》の棲み処《か》だとしたら……。多くのそういう人々の介護をしてきた美奈子さんの言葉は、「そこまで……?」と抵抗する私の倫理観を納得させた。けれども、もし私が美奈子さんの立場だったら、性の面倒まで見られるだろうか……。やっぱり私にはできない。

性の介助だけではない。美奈子さんは介護をしながら、この人は何をしてあげたら喜んでくれるか、話しかけて、いろいろと探りも入れている。

「それぞれが倒れてここにくるまで、いろんな人生を一生懸命歩んできてるんです。だから戦争体験のことを聞いてあげたり、あらかじめデータを見ておいて、いろいろと質問してあげるんです。そうすると、人生で一番の思い出に引っかかったとき、必ず顔つきが変わるんですすね。一番良かった時代も、一番触れてはいけない時代も……。奥さんとの良い思い出がある人には、『奥さんは、優しい人だったんですね』と褒めてあげたり……。この人は、どういう言い方をすると幸せになれるかなって、いつも探っているんです」

ベッド生活になったら、私もそうされたい。

私も封印してきた自分の人生を最期に聞いてもらいたい。

美奈子さんのような話を聞いてもらえる人を私もきっと求めると思う。そういう美奈子さんにとって介護職は、まさに天職と言えそうだ。一生介護職を続けて欲しかったのに、美奈子さんは介護の仕事で肩を傷め、辞めざるを得なくて辞めてしまった。早く体を治して、ぜひとも復帰してもらいたい。私がそう言うと、美奈子さんの顔が、パッとピンクに染まった。

「介護も天職だと思ってずっとやってきました。風俗も天職かもしれません。介護の辛さは、最期まで看取らなきゃいけないこと。お別れがくるんです。そこまで完全に感情移入しちゃってるから、そこが悲しくて……。デリのお客様は、来なくなっても、どこかで元気にやっているって思えるから、お別れにならないんです」

笑みの消えた美奈子さんの声が、だんだん小さくなっていった。

現在の彼女の風俗収入は、月平均十二万程度。これで元彼に三万五千円の家賃を払い、光熱費や管理費を払うと、あまり余裕はない。なんとかやっていけているのは、今の彼が助けてくれたり、ネットワークのビジネスで副収入を得たり、時折、一回二、三万という高額のSMの仕事が入ったりするからだ。

「必要な分だけ、いつもギリギリ入ってくるんですよ」

美奈子さんは、首をすくめて屈託なく笑い飛ばす。

美人タイプではないが、ふくよかで丸い笑顔を見ていると、とても癒される。施設を辞めた今、きっと多くの利用者が美奈子さんの笑顔を懐かしがっていることだろう。

人の心にも体にも喜びを与える奇特な女性だと私は思った。

「ウチはね、両親がずーっとケンカばかりして、いつもいがみ合っていました。私が小学生のとき、両親がエッチしているのを見たし、母親がよそのおじさんと、というのも見ています。三大欲のうち、施設にいれば寝るのはいつでもできます。食べることが失われてきたら、あとは性欲しかありません。それが失われたら、死ぬのと一緒かなって思っちゃう。でも、生きる希望がなくなった人たちだからこそ、私にはやりがいがあるんです」

すっぴんなのにテカテカに輝く美奈子さんの顔を見つめながら、私は、自分の将来を思い浮かべていた。もし、性欲だけが残ったベッド生活だったら……。私は、最後にその不安について尋ねてみた。

「オムツに手を入れて自分でするから、オムツがずれてるお婆ちゃんもいますよ。認知症の利用者さん同士で個室に籠っていることもありますし。私だったら？　自分でするんだろうなって思います。もしかしたら、男性職員を触っているかもしんないです。そしたら幸せですよね」

美奈子さんは、メロン胸を揺らして爽やかに笑っている。介護の天使、美奈子さんに、一日も早く介護職に復帰してもらいたい。そう私は言わずにはいられなかった。

「幸せですよねぇ」

美奈子さんはもう一度そう言ってから、丸い顔をくしゃくしゃにした。

＊1　**ブルセラ**　ブルマーとセーラー服を合わせた造語。女子高生の中古の制服や体操服、水着、下着を販売する店を「ブルセラショップ」と呼び、こうした店で自分の使用済み衣類等を売る女子高生を、「ブルセラ女子高生」と呼ぶ場合もある。一九九〇年代に大都市を中心に広まった。

＊2　**援助交際**　特に女子高生など十八歳未満の売春を指して呼ぶ言葉。右のブルセラとともに、一九九〇年代に生まれた造語。売春よりも罪悪感が軽くなることから、今でもこの言葉は広く使われている。一九九六年には流行語大賞に入賞したことも。

case 04

「オムツ交換をしているときに、手は私のお尻を触っていました。でも本当はお尻じゃなくて、人のぬくもりを求めていたんです」

case 05

「リハビリの仕事と風俗って、接し方は一緒やと思います。でも、性欲って言葉自体が、施設では存在しないのです」

七十代の入れ歯のお爺ちゃんが、「パイプカットしているから、入れさせてくれ」

そして「先生」と呼ばれる職業の女性も副業をしている。

陽葵《ひまり》さん（仕事名・二六歳）は、広島県にある介護老人保健施設で働いている作業療法士（ＯＴ）（＊1）だ。患者さんや利用者さんと一対一でマッサージをしたり、運動したり、トイレの動作の練習や、骨折した人の歩く練習など、病院からリハビリに来る患者さんと、退院後、家から通いながらリハビリしたいという人が生活の自立ができるようお手伝いをしている。

「認知症がある人は、認知面の日付の確認をしたり、リハビリで頭の体操をしたりすることもあります。作業療法士の仕事は介護士さんと違うので、トイレ介助はするんですけど、オムツ交換はしません。それをできる介護士さんはすごいなと思います」

陽葵さんは、切れ長の小さな目を細くして笑った。透き通るような美しい肌をしている。作業療法士と聞いたからではないが、とても清楚で優しい印象の女性だ。肩までのボブヘアは、涼しそうな目によく似合っている。

「認知症の人は、同じ話ばっかりするんです。短気な先輩は、話が聞けなかったり、『認知症は、よく分からん』って逃げる上司がおったり……。私は、いつまでも聞けます。人のお世話をするのは、楽しいから」

ベージュと黒の柄のワンピースを着ている陽葵さんの足元を見ると、黒いソックスにローファーを履いていた。十代の女の子のような可愛らしさも残っている。

陽葵さんは高校を卒業後、四年間、専門学校へ行った。国家試験に一度落ち、二三歳のときから、今の施設で三年間働いている。一日八時間、月に二十日勤務。月に十日は休みを必ず取らないといけない。現在、手取りは約十八万円。初年度は、今より一万くらい低かったが、引かれるものがどんどん増えていき、三年経った今でも手取りはあまり変わらない。

現在一人暮らしで、家賃は六万三千円。会社から二万六千円の住宅手当が出るが、約四万円の自己負担額を払うと、手元に残るのは月約十四万円になる。

「足りません。でもボーナスが、夏と冬、年間で五・〇ヵ月、一回三五万くらい出ます。毎月、ちょっとずつそれを崩しながら生活しています」

家族は両親と、保育士の妹と、高校生の弟。父親は公務員だったが、二年前に定年退職し、現在は工場で働いている。実家を出たのは、家族の間で少し揉め事があったからだと陽葵さんは言う。

「貯金もあんまりないのに、一人暮らしを始めたから、お金が本当に足りなくて……」

そこで陽葵さんは、一年半前から〈カサブランカ・グループ〉の二軍店〈モザイク〉でデリヘル嬢をしている。〈モザイク〉は、グループ内随一の高いクオリティを誇る一軍店〈カサブランカ〉の次のレベルの店だが、十九歳から二九歳までの若い女性がいるという特長があり、現在約八十名が登録をしている。「無修正動画で、ありのままの女性をネットで選べる」というシステムもお客にウケている理由の一つである。

陽葵さんは、昼間の仕事の休日前夜に、仕事が終わってから入る。出勤日数は、月に七〜十日と決めている。

「出る日は一日三人まで。自分のしんどくない程度に働いているから一日四人はないです。翌日の休日を潰したくないので、夜二時間だけ働く日もあります。一日三人だったら、三万から四万円貰えます。だから、月に二十万ぐらい収入があります」

ということは、昼間の仕事の半分の出勤日で、昼間の仕事以上、稼いでいることになる。

なのに目の前にいる陽葵さんは、リハビリの先生らしく清楚で、こざっぱりとしていて、風俗嬢特有の華やかさや、ちょっとしたときに見せる色気が感じられない。不思議に思っていると、陽葵さんの口から、私をびっくりさせる言葉が飛び出した。

「実は、二十歳の頃、リハビリの専門学校の実習が忙しいし、学費もかかるしということで、精神的に不安定にもなって、一年ぐらい出会い系サイトをやってたんです」

陽葵さんは、遠慮がちにクスリと笑った。風俗嬢といっても、誰も守ってくれない出会い系サイトで、フリーの風俗嬢をしていたとは……私は、陽葵さんの姿を眺め直したが、まだ信じられなかった。

「多い人で五万円くれました。でもお金をくれない人もいましたね。車の中で一回してから、『ホテルへ行こう。そこでお金も渡すし』って言われて、それぞれの車で行ったんだけど、来んかったり。山の奥に連れて行かれて、車の中でされたりとか……。そこで捨てられんかったんで良かったんですけど、出会い系はリスクがすごい怖いなぁと思ってました。今回は、管理をされたところで、お金をちゃんと稼いだほうがいいかなと思って〈モザイク〉で働くようになったんです」

そこまで聞いても、陽葵さんに風俗嬢という一面もあることが、まだ私には結びつかない。失礼な言い方だが、

「それで、ちゃんとできました？」

と、私は聞いてしまった。はたして、

「できなかった。できなかったです。やり方が分からんっていうのもありました」

陽葵さんは二度、同じ言葉を繰り返してから、照れ隠しなのか小さく笑った。それから、まるで患者さんに説明をするように穏やかな温かい口調で続けた。

「現場を辞められた先輩が、スタッフさんとして残っておるので、いつも相談してました。本番の断り方とか、お化粧の仕方とか。私は色白なので『ちょっとチークは濃いめにしたほうがいい』とか、水や汗に強いマスカラを教えてもらったり、髪を巻いてもらったり

……。服装も相談しましたね。大人の雰囲気じゃなくて、今着ているワンピースのような可愛らしいのがいいとか、雑誌見ながら勉強もしました」

さらに技術的なこともスタッフさんから教わっている。もともと向学心の強い女性なのだ。

「お客様のモノを舐めるときに、喉の奥まで入れるやり方があるんですよね。『それをされると、すごく苦しいんですけど、どうやって対処したらいいですか？』って相談したら、『手で根元を持ってやったら、あんまり喉の奥にも行かんし、苦しくないよ』って、絵を描いて教えてくれました」

技を勉強したとしても、高度な技より本番を要求してくるお客は多い。あるときなど、広島県外の七十代の入れ歯のお爺ちゃんが、「パイプカットをしてるから、入らしてくれ」と、ずっとずっと本番をねだってきた。

「最後まで断り続けて、笑っておるようにしたら、帰るとき、『君、プロ意識あるね。最後まで笑顔で』って、笑って言ってくれました。他にも本番要求や、後ろの穴のほうばっかり触ってくるお客さんとか、『イヤ』と言っとるのにやめてくれんお客さん。笑顔で『ダメですよ』って言ったり、『こういう風にやったほうが気持ちいい』って言ってみたり、『入れるんじゃなくて、こっち舐めてくれたほうが気持ちいい』と、違うほうに気を反らせたり。しんどいときもありますが、まぁでも、笑顔で断り続けていれば時間も経つので頑張っています」

　陽葵さんは自分を励ますように、しっかりした口調で言って、知的な顔に笑みを浮かべた。品のあるお嬢さんのような雰囲気があるので、お客はよけいに本番をしたくなってしまうのだろうか。

女性に興味があって、手が出るくらいの意欲があるのなら
まだまだ元気……ちょっとだけなら触らせてあげます

　しかし、これはあくまでも副業である。そんなにしんどいのなら、やらなくてもいいのにと思うのだが、昼も人の体を触ってお世話して、夜はもっと……。抵抗や飽きはないのだろうか。

「うん。ないです」

　陽葵さんは、潔く言い切った。

「ただ、リハビリの利用者さんのようなお爺ちゃんが、お客さんで来ると、ちょっと抵抗というか違和感がありますね。リハビリの仕事以外で、お爺ちゃんと、しかも裸になって……。そっちで違和感がありました。でも裸になったら、他のお客さんと変わらないです。私のスイッチが入るというか……」

リハビリの仕事以外で、お爺ちゃんと……？

それは、真昼の健全なリハビリ室でも、風俗と同じようなエロ爺ちゃんがいるということの裏返しの言葉ではないか。はたして、

「ああ。リハビリのお爺ちゃんたちも、エッチなこと言ったり、お尻とか足とか普通に触ってきます。股のほうもズボンの間から手を入れようとしてきますけど、それはさすがに……。『そこはダメですよ』って言います」

陽葵さんは、優しい笑みを浮かべて言った。

リハビリ室でのエロ行為はお金がかからない。なんというセコくてエロい爺ちゃんたちだろう。しかし陽葵さんは、私のむかつきに乗ってはこなかった。

「女性に興味があって、手が出るくらいの意欲があるんだったら、まだ元気だなと私は思ってるんです。だから本当はダメなんですけど、他の職員さんがおらんかったら、ちょっとだけなら触らせてあげときます。足を触られてもお尻を触ってこられても、やりすぎん程度なら何も言いません。〈モザイク〉で仕事を始めてから、そう思えるようになった」

ということは、

「はい。〈モザイク〉で働く前は、すごいイヤだった。リハビリの主任に『あの人が触ってくるんです！』とか、すぐ報告してました。でも最近は、利用者さんにマッサージしよるときにあちこち触ってきても、全然何も言いません。元気だなって思うようになれまし

た。言わないと次、また触ってきます。次も、そんなに酷くなければ、触らせてあげてます。調子に乗って股まで触ってくる人には『そこはダメです。ここまでですよ』と言うと、納得して言うことを聞いてくれます。そういう利用者さんは、どんどん元気になっていかれます。でも施設は、性欲がないものとして……」

陽葵さんはそこで言葉を切って、ストレートティーを口にした。次の言葉が早く聞きたくて、私が先を促す。

「性欲って言葉自体が、施設では存在しないんです。でも、職員の体を触って、『ダメ』って言う職員の反応をお爺ちゃんたちは見ているんですね。『ダメ』って言われて『嫌がられた』と利用者さんが理解したら可哀相なので、私は触らせてあげるようになりました。私も最初はイヤだったから、職員がイヤな気持ちもよく分かります。風俗やってるからって、『慣れ』で、触らせてあげられるものじゃないです。これくらいならいいかって捉え方が、一年ぐらいかかって私の中で変わっていったのだと思います」

風俗をやっているから、触られることやエロチックな行為に慣れてきているのではないか、という下衆《ゲス》な想像を一瞬でも抱いた私の心を見透かされたような陽葵さんの言葉だった。

慣れたのでなく、考え方、捉え方が変わったと陽葵さんは言った。

それは、困難を乗り越えるとき、人間だからできる気持ちの持ち方の転換であり、心の成長である。とにかく陽葵さんは仕事に一生懸命なのだ。こういう心の広い職員を利用者さんたちは心から求めている。

「職場では、利用者さんのなるべくよいところを見つけて褒めます。褒めてモチベーションが伸びたら、その人のやる気にも繋がります。だから笑顔で大袈裟《おおげさ》に褒めます。『すごいですね！　できましたよぉ』『この前より姿勢がいいですねぇ』って。絶対にマイナスのことは言わんように頑張ってます。それは、夜の仕事のほうでも同じ。リハビリほどは、褒めないですけど……」

私もかつて入院中に、一度だけリハビリ室で指導を受けたことがある。言われた通り体を動かしてみたら、意外にも元に近い状態にまで動かせるようになって、陽葵さんのように若い女性作業療法士に笑顔で褒められて、心が明るくなったことを思い出していた。プロの人からの褒めの一言は、本当に嬉しい。

ところで陽葵さんはたった今、「夜の仕事のほうも」と言った。夜のほうでリハビリが必要といえば、つまりは男性機能が働かなかった人のことを言っているのだろうか。

「そういうときは、ずっと口の中に入れときます。勃ってないっていうのを視覚的にお客さんに見せんように、ずっと口の中に入れときます。時間中、最後までダメだと気まずいですけど……。先輩に『マイナスな言葉を言いよったら、その印象しかつかんくなる』と言われているので、向こうが謝っても、私が謝るのは、あとで（お店のサイト内の）伝言板へのメッセージでだけ。帰る間際まで『ありがとう』とか『話が楽しかった』とか、プラスの話ばっかりで、マイナスのイメージで終わらんようにしています」

さすがは作業療法士である。副業のほうだって精神的なケアも決して忘れていない。

もしかしたら、リハビリの仕事と風俗とは、似た所があるのではないかと、私は感じた。

「リハビリの仕事と風俗って、接し方は一緒やと思います。視線を合わせて微笑むとか、手を握るとか、優しく足を触るとか、そういう風に施設のお爺ちゃん、お婆ちゃんにしているので、風俗でもそんな感じでやっています。話題が見つかんないといって無理に喋ろうとせずに、隣に坐って、黙っとってもニコニコしとるだけとか。施設でも風俗でも、隣に坐って一緒におるという似とるところがあります」

まさに理想の白衣の天使だ。それでも、どこの世界にもイヤな人の一人や二人は必ずいるものではないか。完璧な人間なんていない。風俗とはいえ、どんな男性でも受け入れられるというものでもないのではないだろうか。まして病院という清潔な舞台で働いている女性である。すると、

「医療関係だから、不清潔な人は気になります」

陽葵さんは、苦々しい顔をして肩をすくめてみせた。

「体臭がすごかったら、しっかり洗ってあげたらいいんです。でも、どうしてもイヤだったのが、包茎《ほうけい》の人。口ではしますけど最後は手で。菌がすごいあるって言われているので、

終わってから何度もうがいをして帰りました」

これもやはり陽葵さんの言う、捉え方次第ということなのか。

「風俗っていうのは、世間から見たら、あんまりいいイメージがないかもしれない。でも私の中では、そんなに悪い仕事だとは思ってないんです。お客さんにお金を貰って、返してあげとると思っとるので。隠れて本番しとるわけでもないし、余分にお金を貰っとるとかでもないですから」

陽葵さんにかかると、昼の仕事も夜の仕事も、心のバランスが取れていて、なんだかとても楽しそうに見える。私がそのことを言うと、陽葵さんは頰を少しピンクにして、照れ笑いをした。図星だった。

「はい。バランスが取れています。一回、夜の仕事が楽しすぎて、職場の上司に『いっつも早く帰りすぎ！』って怒られたことがあるんで、今はちょっと抑えています。いろんな職業の人とか年齢の人に会えるのが楽しくて、五時半に仕事が終わると同時に『お疲れさまでした。帰ります』って、すぐに家に帰ってお風呂に入って準備しようと、風俗にちょっと頑張っちゃった時期があったんです。去年の十二月です。残業手当がつかないんで、五時半に帰ってもいいんですけど、私が一番下なんで、今は七時くらいまで、一時間半は無給で働いています」

陽葵さんの言葉には、心の余裕が感じられた。

家族の葬式費用も、弟の学費も、夜の仕事でできた貯金から援助をしたいんです

昼の仕事をしっかりできるのは、夜の仕事という別世界があるから。

夜の仕事もしっかりできるのは、作業療法士という表の職業があるからということなのだろうか。

だからストレスを両方の世界で発散できるということなのか。それにしても、今まで取材した女性たちと同様、陽葵さんもよく働く。

一ヵ月間の〈モザイク〉での収入は三十万円以上。そのほとんどを陽葵さんは貯金している。洋服代は月に約五万円。昼間は制服なので、主に夜用の服と下着を買う。

「夜、服装は、パンプスとスカートと言われているので、脱ぎやすいようにワンピースを買って、下着は、ほつれんように常に新しいのを、と心がけてます。白や薄いピンクが多いのは、自分の好みですね。あとは化粧品も。昼間はファンデーションしかしていないので、夜用につけ睫毛とか、カラコン（カラーコンタクト）をつけて、しっかりお化粧をして行きます。そこで自分が変わります。二重人格とは思ってないけれど、昼用の自分と、夜用の自分とに。え？　夜用？」

陽葵さんは、自分で放った言葉に違和感を覚えたようだった。「昼用」「夜用」というよりも、もう一人の自分を演じているところが楽しそうだった。

休日は、家のことをゆっくりするか、服など買い物に行ったりして、一人でのんびりと過ごす。現在、恋人はいない。

「彼氏がいたら、辞めてると思います」

陽葵さんは淡々と言った。

「メール返さんだったら、電話かけてきたりとか、そんな束縛されるんだったら、ちょっと彼氏いらないなって気持ちのほうが今は強いんです。夜の仕事だったら時間決まっとる中で楽しんで、仕事の時間外は束縛されんし、メールもいちいち返さんでいいし……」

遊びや彼氏にお金を使うこともなく、毎月十五万ぐらいずつ貯金をしていけば、すぐに大金が貯まってしまう。そのお金を陽葵さんは、将来どうするのだろう。ところが、お金はあまり貯まっていない。

「お婆ちゃん、お爺ちゃんの葬式費用を私が出したりとか。高校三年生の弟が『東京の大学に行きたい』って言っとるので、来年から生活費も学費も……。お父さんは、公務員じゃなくなったから給料は半分以下になっちゃったんです。それでお母さんは、パートの時間を伸ばしたけど、ちょっと体が弱いので、パートの時間も伸ばしてもらいたくないし。保育士の妹（二四歳）は、弟と仲が悪いから、弟のことは全然……」

結局は実家を出た陽葵さんが、家族のスポンサーになっている。せっかく体を使って稼いだお金を家族のために使ってしまうなんて、根が優しくて真面目なあまり、陽葵さんは、不器用な生き方をしている。でも、風俗で働いていなければ、こんなに家族に援助することはできない。もし、今の施設での給料がもっと高かったら、陽葵さんは夜の仕事をしなかったのではないだろうか。弟を大学に行かせるくらいまでは稼げなくても、貯金の好きな陽葵さんのことだ、ボーナス分くらいの貯金ができたかもしれない。

「ん……」

陽葵さんは、顎に手をやり、少し困った表情で考え込んだ。それから涼しげな目を見開き、

「でも多分、してたと思います」

と言って私を驚かせた。

「お金の部分じゃなくて、夜の仕事をすることによって精神的に安定するというか……。私、淋しがり屋なんで、誰かに甘えたいときとか、人肌恋しいときがあるので、やってたと思います。お金が欲しいんじゃなくて、温もりが欲しいというか……」

温もり？　それは見ず知らずの一回きりのお客さんでも満たされるものだろうか。

「はい」

陽葵さんは、迷うことなく私の顔を見てすぐに答えた。それから、はかなげに視線を泳

がせた。

「その一時期だけで、自分が満足できるので……」

意外な言葉だった。私は、次の質問を考えながら、かつて援助交際をしていた女子高生の言葉を思い出していた。

「知らないオヤジでも肌を合わせていれば、その時間は淋しさを感じないで済むから……」

両親と会話が途絶えている少女の言葉だった。その少女とは十歳も違うが、もしかしたら陽葵さんも、淋しがり屋なのかなと私は思った。だからこそ、淋しいお爺ちゃん、お婆ちゃんや、家庭で居場所のないような孤独な男性の気持ちがよく分かるのではないか。

「二つの仕事の共通点は『思いやり』ですね。ただ、思いやりに性のサービスがあるかないかです。施設だったら、いっぱい人がおる中、他の人が危ないことをしてないか気を配って、お爺ちゃん、お婆ちゃんが何を考えてるか、何を望んでるかを常に考えます。お客さんも同じです。気配りも思いやりも、ほとんど似てると思います」

陽葵さんの言葉に重みがあるので、

「『先生』と呼ばれているんですよね？　昼間」

つい私は訊いてしまった。次の瞬間、陽葵さんは初めて大きな声で思いっきり笑い出した。

「先生って呼ばれてますね」

陽葵さんは、まだ笑っていた。骨折して昼の陽葵さんにお世話になったお爺ちゃんが、〈モザイク〉に行って再会したら、どんなに驚くことだろう。そのお爺ちゃんの姿を想像した私も一緒になって笑っている。

幸いなことにか残念なことにか、陽葵さんの勤め先も住所も広島市内ではないので、そういう面白いハプニングは、まずないらしい。

「作業療法士は、私を成長させてくれる仕事です。勉強会も行かんといけん。認知症も私しかやってないので、私が頑張らんと、誰もやってくれない。責任もあるんで日々、成長できてると思います。夜の仕事は、私を安定させてくれるもの……」

出会い系サイトで個人風俗をやった経験があっても、そして現在、「先生」と呼ばれながらもデリヘル嬢をしている陽葵さんだが、まったくスレた所がなく二つの仕事を真面目に楽しんでいる。この「特別さ」のない所が、彼女の良さと私は思った。彼女には、悪い意味での〝染まり〟がまったくない。大変なことかもしれないが、これからも今の陽葵さんのままで、多くの人々の自立を助けていってもらいたいと、取材をしながら願っていた。真面目で思いやりある陽葵さんは、利用者さんたちの気持ちをよく理解できる貴重な存在なのだから。

それにしても、副業をしている女性たちは皆、よく働く。無駄遣いや派手な生活をせず質実に生きている人が多い。陽葵さんは、せっかく体を使って昼夜働いているのだから、弟が大学に入学をした後は、もう少し自分のためにお金を貯めてもらいたいと私は思った。これまで非常に多くの女性たちを私は取材してきた。陽葵さんのような女性は、人のためにイヤでも自分のお金を提供してしまう不器用な生き方をする女性のような気がしてならないのだ。

インタビューが終わってからも、私の疑問は消えなかった。もし陽葵さんの給料がもっと高ければ、「先生」と呼ばれる女性が、夜、風俗で働くという発想さえ浮かばなかったのではないか……と。

＊1 **作業療法士（OT）** 厚生労働大臣の許可を受けて、リハビリテーションの一つである作業療法を行う者のこと。急性期の病院、および回復期の患者を見るリハビリテーション病院でも活躍する。作業療法士国家試験の受験者数は、ここ十年あまり五千〜六千人前後で推移し、ここ数年の合格率は70〜80％台。また、作業療法士と両輪を成す資格として、基礎的な運動機能、基本的な動作の改善をサポートする理学療法士（ＰＴ）がある。

case 06

「お世話をさせてもらっている」
――介護老人保健施設の一日

介護老人保健施設の現場は日々戦場と化している

賃金が安いのにハードワークで、セクシャルハラスメントを受ける可能性さえもあるという、必ずしも好条件とは言えない職場であるにもかかわらず、取材した女性たちは介護の仕事が好きで、副業をしながらでも続けている。話を聞くだけで、大変な仕事内容が想像される。けれども、実際に現場にいなければ、見えてこない現実もある。

そこで一月のある木曜日、私は大阪府にある介護老人保健施設（老健）「A」へ行き、介護士の現場を一日中、見学させて貰うことにした。

Aでは、大きく分けて次の三つのサービスを行っている。

① 入所サービス（自宅に戻り生活をするためにリハビリを重点的に行う施設）

② 短期入所療養介護《ショートステイ》（病後、自宅で一時的に介護が困難になった場合、介護保険で決められた日数内で入所し、介護看護を受ける）

③ 通所リハビリテーション《デイケア》（自宅に送迎し、施設で日常生活全般の介護を行う）

定員入所者八十名、デイケア三五名という三階建ての施設である。一階にはデイルームや機能回復訓練室《リハビリテーション》、食堂、浴室、事務室などがある。二階は、自立度の高い人のための多床室や個室があり、三階の一般棟にも多床室や個室があって三六名がケアを受けている。医師は常勤、二四時間体制で、十名の看護師と十九名の介護士が働いている。

私がAを訪れた午前九時半、すでに施設内は活気づいていた。

三階のホールでは、音楽療法をやっていて、『津軽海峡冬景色』を椅子に坐ったまま皆で歌っていた。そのあとは、日露戦争（一九〇四年）のときの『乃木大将の唄』を、グーパーと手を開く閉じるを繰り返しながら、にこやかに皆で歌い始めた。ボランティアの女性が、定期的に音楽療法を指導しに訪れるという。

二階ホールでは、朝の体操の後、リクレーションが始まっていて、「コ」から始まる食べ物を皆で口々に言っていくという頭の体操をしていた。同じ時間に、通所リハビリテーションの人々は、一階で入浴が始まっていた。

ショートステイ利用者のベッド作りのために、二人の介護士さんが、布団を運びながら回廊型の廊下を歩いている。廊下が回廊型になっているのは、徘徊する人が巡るためだという。

午前十一時、私は、これからオムツ交換に廻るという介護士の香織さん（仮名・三十代）について行った。

オムツ交換は、香織さんと介護士の麻里さん（仮名・三十代）と二人で、ワゴンを引きながら、各ベッドを廻る。医療用手袋をした二人は、

「お尻をお願いします」

「お尻、直しましょうね」

と、ベッドに寝ている利用者さんに声をかけてから、オムツを外しにかかる。途端に臭気が鼻を襲い、顔が歪むのを私はあわててこらえた。下痢をしていて、痩せこけた女性の陰部に、大便がこびりついていた。よく見ると、尾骨あたりが褥瘡《じょくそう》（床ずれ）をして赤黒く、大きな傷ができている。香織さんは、優しい表情のままオムツを外し、容器に入ったぬるま湯を陰部にかけて手早く洗浄した。それからペーパーで拭いて、素早く新しいオムツに交換した。

「痛い、痛い」

を連発するお婆ちゃんの体を二人で動かし、

「足に浮腫がありますので、替えますすねぇ」

と、話しかけながら、枕を膝の所に入れて体位交換をする。

「悪いヤツだ。（床ずれのことらしい）痛い」

と、お婆ちゃんが怒って言うのに、二人は微笑みながら手早くお世話を進めていった。

床ずれに薬をつけていても治らず、とても痛いのだと、あとで香織さんが私に教えてくれた。「痛い」とうるさかったお婆ちゃんは、ケアが終わるとピタッと大人しくなり、

「ありがとうねぇ」

と、二人に穏やかな声で言った。

次の部屋のお爺ちゃんは、オムツを開いたそのときにちょうど大便が出始め、と同時に強烈な臭気が室内に満ちた。

「あっ、ちょうど……」

香織さんが、小さな声でつぶやいて、さらりと笑った。

お爺ちゃんは、構わず排泄しながら、

「皮が剝離しとって痛いんや」

と、膝の床ずれの痛さだけを訴えていた。見るからに痛々しく擦れた膝をチェックしながら、A子さんは、

「薬、塗っても、なかなか良くならないねぇ」

と、声をかけている。強烈な臭さにも表情が歪むことはない。慣れているのだろうか。

麻里さんは黙々と、たった今、排泄されたばかりの大便を処理して、陰部を洗浄していた。

最後に、お爺ちゃんは手を震わせながら、

「ありがとう。ごめんね」

と、二人に声をかけた。

次の部屋のお婆ちゃんには、まず、

「腰、痛くないですか？　お尻、直しましょうね」

と、香織さんが声をかけながら、オムツを外していく。

「ありがとう。すいません」

お婆ちゃんは、オムツ交換をしている間じゅう、

「ありがとう、すいません」

と、掠れた小さな声で繰り返す。

介護用具を乗せたカートの上のバインダーに挟まれた書類には、利用者さんの名前が並んでいる。その名前の横には、尿、軟便など、その日の大小便の特徴を書く欄があり、△や○がついている。また、ケアプラン実施点検表には、「健やか」「笑顔」「不穏」など、本人の様子や、トイレのことなど、一人一人の介護内容を毎日書くようになっている。これを読めば、素人の私でも利用者さんの心身の状態が把握できるほど、明確なリストだった。

オムツ交換が終わると間もなく、近づいてきたお昼ご飯のために、利用者さんたちの大移動が始まった。フロア中央の食堂の隣、テレビの置かれた談話室には、大きな机が四卓あり、それぞれに四名ずつが向かい合って坐っていた。一便が十一時半から、二便が十一

時四五分から昼食が始まる。その時間までテレビを観ているお爺ちゃん、ボーッと宙を見ている老男女、指をずっと舐めているお婆ちゃん、親指をずっと吸っているお爺ちゃん、「○○さん、元気？」と声をかけてきた介護士さんに、「寝られへん」と愚痴るように話をしているお婆ちゃん……。

「トイレ行く」

と言っては、

「十分前、トイレしてきたとこやろ」

と、介護士さんに言われても、

「トイレ行く」

と、五分ごとに繰り返すお婆ちゃん。

二十代前半の男性介護士は、「自分の息子」とお婆ちゃんに思われている。お婆ちゃんの本当の息子が、初芝《はつしば》高校を卒業しているので、介護士の「息子」は、現在、初芝高校生ということにされている。

「こっちおいで」

と、お婆ちゃんに呼ばれ、息子介護士さんは、スポーツ青年のように爽やかな笑みを小さな顔に浮かべながら、

「元気、出してな」

と、肩に手を置き、声をかけた。

「お腹空いてきた？　もうお昼やで」

「お腹空いてない」

親子のつもりの二人の隣で、お爺ちゃんが、一心に親指をしゃぶっていた。

一方、寝たきりの人や、介助の必要な人のために介護士さんは部屋を廻って、一人、二人と、食堂への移動をさせる。介護士さんが四人用の療養室に入って来たと分かった途端、一人のお婆ちゃんが、

「痛い痛い痛い痛い」

と、騒ぎ出した。二人の介護士さんは、微笑みながら、お婆ちゃんを起こして担ぎ、車椅子に乗せる。

「床ずれのトコが痛い痛い痛い痛い」

と、騒いでいたのに、車椅子に乗せられると急に大人しくなった。

「まっすぐに、（車椅子を）漕いでいってくださいね」

介護士さんに言われると、また、

「お尻が痛ってぇ、痛ってぇ、痛い痛い痛い痛い」

と、大騒ぎを始めた。それでも車椅子をスタートさせると、お婆ちゃんは、急に普通の表情に戻って、

「ありがとう」

と、二人の介護士さんに言うのを忘れなかった。

ここの利用者さんたちは、どんな状況であろうと、何かをしてもらうと必ず「ありがとう」と言う。利用者さんたちが言う「ありがとう」は、少々緊張して見学をしているだけの私の心をも和ませてくれる。この「ありがとう」があるから、介護士さんたちが報われ、頑張れるのではないか……そんな気がした。大変な労働ではあるけれども、「ありがとう」と言われる職業ってステキだと、私は見学をしているうち、介護士さんに憧れを抱くようになっていた。

一方、別の部屋では「痛い、痛い」と言いながら、お爺ちゃんが、二人の介護士さんにベッドから移乗介助されて、車椅子に移動を始めた。皆、やっぱりどこかが痛いのだ。それでも、介護士さんに体を支えられると、

「ありがとう」

と、このときだけは、優しい声になって礼を言う。

「まだ痛い？　痛いやろうね」

「痛いな」

「ヨイショ」と介護士さんは声をかけて、お爺ちゃんを車椅子に坐らせる。慣れた段取りでまず、ハンガーにかかっているベストをお爺ちゃんに着せ、

「袖、返しますよ」

と断ってから、黒いシャツの袖を返した。かつて、おしゃれな男性だったに違いない。ファッションにこだわりがあるようだ。

「上着、着ますか？」

「いらない」

先刻の「ありがとう」とは打って変わって、かなり無愛想だ。介護士さんは変わらない口調で、

「時計、つけておきますか？」

行動をする前に必ず質問をする。食事の度、このお爺ちゃんは、「外出」準備が必要なのだろう。お爺ちゃんは無言で頷いた。あとで介護士さんに尋ねたところ、このお爺ちゃんはベッドを離れるとき、お気に入りの茶革ベルトの腕時計をつけないと、すごく不穏になるそうだ。

「漕ぐの頑張りましょうね」

車椅子を動かし始めたお爺ちゃんの背に、介護士さんがそう声をかけてから、すぐにベッドメイキングを始めた。

食堂には、次々と利用者さんたちが集まってくる。

額に「冷えピタ」（解熱用の冷却シート）をつけてヨチヨチ歩いて来たSさんは、冷え

ピタが大好きで、いつも額につけているそうだ。慣れているのか、それを気に留める利用者さんはいない。

すでに食卓の上で、塗り絵をしたり、折り紙をしたりして遊んでいるお婆ちゃんたちもいる。利用者さん同士、同じテーブルについてもお喋りに花を咲かせているという光景はない。皆、一人一人で何かをしている。全員が食堂の自分の席に移動したのを確認すると、介護士さんたちはエプロンをして、すぐにお茶を配り始めた。

「痛い痛い痛い痛い痛い痛い」

ずーっと言い続けながら配膳を待っているお婆ちゃんがいる。口癖のようにうるさく毎日、ずっと食事が始まるまで言っているというが、隣の席のお婆ちゃんは、聞こえないわけではないのに、うるさがらず普通に配膳を待っていた。そのお婆ちゃんの隣に、若い女性が無表情で腰かけている。五五歳で若年性認知症を発症していると聞かなければ、ただの「物静かな上品なお母さん」にしか見えない。ノーメイクでもきれいな女性だった。時折だが、彼女の夫がお見舞いに訪れるという。

その隣の席には、先刻から入れ歯を一生懸命口に入れようとしているお婆ちゃんがいる。ところが反対向きに入れようとしているので、初めて見た私は笑いそうになってしまい、あわてて視線をそむけた。

「○○さん、入れ歯、入れますか？」

と、介護士さんが声をかけても夢中で、入れ歯を反対向きに入れようとしている。介護士さんたちは声をかけても、その人のために直接手を貸そうとはしない。

「いつものことです」

と、介護士さんが教えてくれたそのとき、突然お婆ちゃんは入れ歯をひっくり返して、無事に入れることができた。

「なるほど……」

私は思わず、唸ってしまった。


今日のお昼の献立は、豆腐、すき焼き、野菜サラダ、味噌汁、白ご飯、漬物など。一部違う献立の人や、流動食献立の人もいる。介護士さんや看護師さんは、パンやドレッシングの袋を開けてあげたり、スプーンを持たせてあげたりと、一人一人を廻って食事の手伝いをしている。使いやすいからと、長いスプーンを持っている人もいる。食べられない人には、

「味噌汁、ゆっくり飲むよ。ゆっくりよ。もうちょっとある。大丈夫？」

と、介護士さんが横で声をかけながら、お椀を一緒に持ち、食事介助をしている。

ずっと口を開けて、食べさせてもらうのを待っているお婆ちゃんもいる。先ほどの「痛い痛い」のお婆ちゃんは、やっぱり「痛い痛い」と言いながら、ガツガツと食べていた。

一人のお爺ちゃんのところに来ると、スタッフの皆が「お誕生日おめでとう」と言う。見ると、そのお爺ちゃんのトレイの上だけに、小さなケーキが置かれていた。

九二歳のお誕生日だ。それなのに、廻りの老男女たちは、誰も「おめでとう」と言わず、黙々と食べている。他人に興味がないのか、誕生日が皆にとってたいしたことでなくなってしまったのか、年を重ねたら、そうなってしまうのだろうか。不可思議な光景だった。

一時間弱で食事が終わり、利用者さんたちが部屋へ戻っていくと、私は一階の浴室へ移動した。十三時五十分から、入所者とショートステイ、八十名以上の入浴が始まる。

大浴場は、ゆったりしていてかなり広い。車椅子で入れる介護浴や、寝たきりの利用者さん用の特殊浴もある。脱衣室には、オムツをつけるとき用のベッドが一台、利用者さんたちがくつろぐ椅子が八台、二列で余裕を持って並べられていた。浴室では、Tシャツに半パンツを穿いた男性四人、女性三人の介護士さんが、入浴のお手伝いをしていた。髪を洗ってあげたり、体を洗う手伝いをしたり、浴槽に入るのを介助したり、無駄な動きが少しもない。入浴をし終えた利用者さんを浴室介護士が脱衣室までエスコートすると、今度は、そこで待ち受けている女性介護士さんたちに交代する。

「温まった？」

「ちょっと、ごめんねぇ」

など、介護士さんが会話をしながらバスタオルで体を拭き、着る物を用意する。

「暖かそうやね、これ」

会話を絶やさない。ショートステイの人の着衣については、

「これ、汚れちゃってるから、着替えようか」

「上、脱ぎますか？」

洗濯をするものと、しないものとに分け、洗濯の必要なものは、一人一人の袋に入れて、大きな洗濯物入れの中に積んでいく。

「足、痛いんや」

と言うお婆ちゃんに、

「巻き爪やね。じゃあ、あとで看護師さんに診てもらいましょうか」

常に会話と体のチェックは忘れない。

時間差で新しく入浴をしに脱衣場に入って来た人に対しては、まず椅子に坐ってもらって会話をしながら、浴室の状況を見て一人分、空きそうになると、

「○○さん、服脱いでお風呂入りましょうか」

と、声をかける。洗う人、浴槽に入れる人、入浴後に体を拭く人、服を着せる人、ベッドに移しオムツを装着する人、リハビリパンツを穿かせる人……。休む時間は一時もなく、見事なリレープレーだ。

丸めたバスタオルで陰部のみ隠し、大きな乳房をさらけ出したまま、椅子に坐って、

「あつっ。私はこのお風呂だけが楽しみでな……」

と、大きな声で介護士さんに話をしている九五歳のお婆ちゃんがいる。

「四十（歳）のときに手術して十八針縫って……」

会話に魅かれて見ると、タンクのような乳房の間に、縦の太い傷が残っていた。「名誉の手術痕」とでも言いたげに見せびらかしている。入浴の度に、介護士さんに自慢して聞かせているのではないかと私は想像した。

お婆ちゃんは、すぐそばでベッドに移動してオムツをされているお爺ちゃんの姿を無遠慮に見やり、

「あんなカッコしてたら、ややわ（イヤだわ）」

と、大きな声で言って笑う。そのとき、浴室からやって来た男性介護士が、

「服着んと、恥ずかしいでぇ」

と、カラッと言ってから、衣類かごに入っている厚手のシャツを取り上げ渡した。お婆ちゃんは、それからようやくシャツに袖を通した。

私もここにいる利用者さんたちのように、八十代、九十代になったとき、男性介護士さんの前で、平気で裸でいられるようになってしまうのだろうか。イヤだ。それは絶対にイヤだと、息をつく間もない介護士さんたちの大変な仕事ぶりを目で追いながら、心の中で

抵抗していた。

多くの施設がそうであるように、一人用浴室がない以上、こういう施設ではプライバシーは諦めなくてはいけないのだろうか。それともオムツ生活になったら、羞恥心も「女」であるプライドも捨てることができるようになるのだろうか。やっぱり今の私には、この集団入浴は耐えられない。自分の将来を想像し、不安が膨らんでいった。

そんな私の目の前では変わらず、次の利用者さんから次の利用者さんへと、スムーズに入浴介助が展開されていた。

そうして一人、二人……と、利用者さんたちはスッキリしたとても気持ちのよさそうな顔をして、

「このお風呂が楽しみで……」

「ああ、さっぱりした。ありがとう」

などと言葉を残しては、浴室から移動していった。

午後四時まで約二時間の入浴サービスは、見ているだけの私でも疲れるほど、大変な作業だった。真冬なのにスタッフは皆、Tシャツ一枚で大汗をかいている。夏は、クーラーをつけていても暑すぎて、倒れそうになることもあるという。入浴作業の後、介護士さんたちが休むのは、制服に着替える時間を含めてわずか十分から十五分。すぐに次の仕事が待っている。

デイケアの利用者さんの場合、十七時に自宅に送り届けなくてはいけないので、時間が限られている。転倒など事故のないように、湯冷めして風邪をひかせないように、退屈させないように、淋しい思いをさせないように、体の変化に気づけるように……気配りや会話も絶やすことのない、見事としか言いようのないチームワークに、私は言葉を失って立ち尽くしていた。

毎日、これほど気と体を遣って介護士さんたちは働いているのか……。

施設内の人間関係の大変さなども加わることだろう。見学だけでは全てを知ることはできないが、仕事の大変さに私はショックを受けた。

見学中、私は何度も自分にこの仕事ができるかと問いかけていた。長年、数々の潜入取材をしてきた私だったが、そんな自負も、介護の現場を見て吹っ飛んでしまった。特に、利用者さん一人一人の話を傾聴して的確に受け答えし、決して怒らず、面倒がらず、人生の先輩を尊重しながら、笑顔で「お世話をさせてもらっている」。私には、とてもできない大変な仕事内容だった。

介護の現場を一日、見学しただけだったが、離職する人が多いと一般的に言われるのも頷けた。

平成二五年厚生労働省の「介護サービス施設事業所調査」によると、平成二五年要介護認定者数は五六四万人。しかしながら、平成二七年の介護職員は一七一万人しかいない。十年後、平成三七年になって介護職員は約二四十万人と大して増えないにもかかわらず、要介護認定者は約七百万人に膨れ上がると予測されている。明らかに介護職員不足である。となると、他の業界と同じように、介護職についても、外国人労働者に期待が寄せられる。

厚生労働省による平成二七年十月末現在の外国人労働者数は、九十万七八九六人で、過去最高を更新中である。そして、ＥＰＡ（経済連携協定）に基づく看護師および介護福祉士候補者の累計受け入れ人数については、三千人も超えている。ところが、この候補者の受け入れを厚生労働省は、あくまでも「二国間の経済活動の連携の強化の観点から、ＥＰＡに基づき、公的な枠組で特例的に行うものである」とし、看護介護分野の労働不足への対応ではないとしている。

ＥＰＡによる介護福祉士候補者は、平成二七年度に、インドネシアから二一二人、フィリピンから二一八人、ベトナムから一三八人を受け入れている。が、いずれも受け入れ希望人数を下回っている。

右のいずれの国も、候補者は、自国での高学歴を必要条件とし、日本入国前に六ヵ月（ベトナムは十二ヵ月）の日本語研修を受けることが条件になっている。入国後は、雇用契約に基づき、介護施設で「就労と研修」（これを特定活動と言っている）をし、四年目に国家試験を受けることができる。合格すれば引き続き就労が許されるが、不合格の場合、帰国するか、特定活動をしながら一年後、国家試験を再度受けられるようになっている。しかしながら、合格率は四四・八％（第二七回介護福祉士国家試験結果）と、かなり難しい。コミュニケーションが重要な仕事なので、特に言葉の壁が厚いのではないだろうか。

かつて私は、アメリカ・アトランタ市にある「エイズ・アトランタ」で、ホームナース（自宅で治療をしている患者さんの医療的お世話をする）のボランティアをするために、アメリカ赤十字社のトレーニングを受けた。英語が得意でない私は、（エイズ）患者さんのお世話をしながら会話をして場を和ませるということが、なかなかできなかった。ボランティアをする上での言葉の壁は、日常生活をする以上に厚かった。まして赤十字社のトレーニングには、医療用語が頻発する。分からない専門用語だらけで、苦労と困惑の繰り返しだった。

case 06
「お世話をさせてもらっている」
――介護老人保健施設の一日

case 07

「母親に“お金ちょうだい”と言われるから、なおさら稼がなきゃ」

――外国人介護福祉士、ユウの秘密

介護と出会い系サイトで月二十万円
家族思いのフィリピン女性の苦難

外国人介護福祉士たちも、大変な思いをしながら現場で働いているのではないだろうか。医療用語だけでなく、利用者さんの言葉の真意が分からず、怒らせてしまったり、イライラさせたりと、気苦労もかなり多いのではないかと私は思った。特に日本人は、気持ちをストレートに言わず、相手が察するように、やんわりと話すことも少なくない。反対のことをあえて言ったり、笑いながら厳しい意味の言葉を言ったりすることもある。それだけでなく、外国人ということで、職場内で受け入れてくれなかったり、差別やいじめの類いもあったりするかもしれない。それでも彼女（彼）らは一生懸命、この国で介護の仕事をしてくれている。

特別有料老人ホームで働いているユウさん（仕事名・三五歳）は、フィリピンで生まれ、十三歳のとき、日本にやって来た女性だ。両親はフィリピン人で、兄と妹が一人ずついる。

ユウさんが九歳の頃、両親が離婚した。女手一つで三人の子どもを育てていかなくてはならず、ユウさんの母親は、すぐに単身で日本へ働きに行った。ユウさんの母親は、関東の繁華街で転々と水商売をしながら、フィリピンに残したユウさんたちに送金をしていた。その後、店で出逢った日本男性客と結婚し、母親は埼玉県内で、夫と同じ廃棄物処理の仕事をするようになった。四年後、十三歳のとき、ユウさんたち三人は日本に呼ばれた。

日本語がまったく分からないのに、いきなり市立中学校に通うことになったユウさんは、必死に日本語を学び、なんと県立高校に入学した。やがて義父と母親の間に弟と妹も生まれ、七人家族になった。

ところがユウさんは高校卒業後、外国人という理由からか就職できず、スーパーのレジ打ちや、デパートのギフト仕分け、写真店でのプリント作業など、十年間、アルバイトを転々としてきた。

介護ヘルパー二級資格を取って、埼玉県内にある病院で介護の仕事を始めたのは、ユウさんが二八歳のときだった。

その後、認知症の人のみを受け入れている小型グループホームや、デイサービス、特別養護老人ホームを経て、今の職場で三年以上働いている。来年は、国家試験（介護福祉士）を受ける予定で、目下勉強中だという。

「私、持病があるんです。病気なのに、病気を扱う仕事は、ちょっといけないって言われては、クビになるんです。倒れたり、長く休むこともないのにクビになるから、この職場《しごと》（特老）に就く前も、ずっと転々としてきたんです。でも今の会社は、私の病気のこと、よく理解してくれてます。だから私は、そこで頑張るしかないんです」

ユウさんは、肉感的な唇を大きく動かしながら、流暢な日本語でゆっくりと言った。

肩まである黒髪は、漆黒の美しい輝きを放っている。艶やかなノーメイクの顔に赤いTシャツが、よく映えていた。

ユウさんは、「月十五日程度の就労に留めなさい」という主治医の診断に従い、毎月十五日ほど働いている。したがって給料は安く、月十一、二万にしかならない。

「家賃は、1DKで四万三千円。足らないです」

ユウさんは、ポッコリしたお腹を突き出し震わせながら笑った。

「足らないから、大手の鉄道会社で働いている彼氏んとこで半同棲したり、ウチに帰ったりを繰り返しています。でも彼氏も三年前、リストラされて今の会社に就職したそうだから、給料は少なくて……」

半年前から付き合っている彼とは、二年前、ユウさんがやっていた「出会い系」のデート嬢とお客という立場で出逢った。

ユウさんは実は四年前から、介護ヘルパーと風俗嬢の二足の草鞋を履いている。

「生活費のため。フィリピンでは『二十歳になったら、自分で暮らしていきな』って、親から教えられるものなんです。私は長女だからなおさらで、責任が重い。フィリピン人って、それが普通。だから皆、よく働くんです」

ユウさんは、笑みを浮かべて普通に言う。

「病気なのに？」

私が尋ねると、ユウさんは、穏やかだが笑い飛ばして言った。

「親に取られるんです、お金ちょうだいって毎月一、二万。多い月は三万……。私だって苦しいんだけど、親に、フィリピンにいる親戚が困ってるから、とか言われちゃうと、(お金を) あげなきゃいけないんです」

上手いんだから、それを商売にすればいいじゃないの、と男の人に言われて……

ユウさんは出会い系サイトで見つけたお客を相手に売春をしていた。エッチ一回のみで一万円。泊まりは二万円という格安料金だったのは、

「(売春の) やり方が全然分からなかったから」

ユウさんは肩をすくめて、言い訳するように小さな声で言った。

出会い系サイトでいきなり一人で営業をするなんて、素人がいきなり街角に立って売春するようなものだ。たった一人では、リスクがあまりにも高すぎる。なぜユウさんは、店舗型風俗やデリヘルなどに行かなかったのだろうか。私が言った途端に、ユウさんは少し視線を落とした。

「デリヘルに行こうとは思ったんだけど……」

そこで一度、言葉を切ってから、

「容姿でダメなんだろうなって思ってた。出会い系でも、好みのタイプじゃないからごめんって、ドタキャンされることがあって。だからよけいに一人でやっていました。その頃、ハプニングバーに時々、遊びに行ってたんですね。あるとき、そこにいたお客さんに、乱交（パーティ）へ行こうと誘われたんです。ほんとにたまたま、興味津々で。経験も少なかったし、当時もっと太ってたし。ほんとにたまたま行ったら、こういう世界までいっちゃって……」

太い眉根を八の字にして言った。

私は、ユウさんの顔を改めて見た。渋谷や新宿の第一線の風俗嬢に比べたら、たしかに年も上だし、ふくよかすぎるかもしれない。けれども、男好きのする肉感的な顔をしている。一見日本人なのに、日本女性には真似できないようなセクシーな表情も時折覗かせ、男性に好かれるのではないかと私は思った。

乱交パーティに参加をすると、一万から二万円の謝礼がその場で貰えた。

ユウさんは月二回程度、アルバイトとして参加していた。参加人数は男女平均十人ずつで、その男性ほとんどと関係を持つ。ときには三十人くらいとエッチをしなくてはいけない日だってあった。

「一人の男の人が『この子のフェラ、上手いんだけど……』と言った途端、男の人が、どんどんどんどん寄ってきて、次から次へと相手が交代して、私はずーっとフェラをしていて。以来、有名になっちゃったんです。そうしたら、『上手いんだから、それを商売にすればいいんじゃないの？』って男の人に勧められて、一人でやるようになったんです」

ユウさんはそのパーティをきっかけに、出会い系サイトでフェラ客を募集するようになった。

料金は一回五千円。ホテルを使うとお金がかかるので、待ち合わせをして相手の車に乗り、大型量販店の駐車場など怪しまれない駐車場へ行って、車内で、三十分から一時間、相手をイカせるまで仕事をする。

「三十歳から四十歳くらいの日本人ばっかり。リピーターは十人くらいいます。毎月二、三回『今日、お願いできますか？』って、ケータイに連絡がきます。イカせられないのは、10％ぐらいの人だけ。そのときは（料金）半分しか貰わないけど」

介護の仕事が休みの日は、一日四回転も仕事ができる日もある。現在の風俗の収入は、月平均五〜六万円。十三万円稼いだ日も過去にはある。

「三十代、四十代の人って、フェラが好きみたい。五十代も、たまにはいるけど、勃たなかったり限界のある人もいるのね。私のルールは、ノーブラで行くから、胸だけは触らせてあげる。スカートの上からお尻も触っていい。それ以上、触りたがったら、『今度から会わない』と言うと、皆、やめます」

介護の仕事と、個人営業の出会い系副業とで、月二十万弱の収入になる。主治医の「月十五日程度の労働診断」を裏切り、ユウさんは、実は月に二五日以上働いている。

「母親（五六歳）に『お金ちょうだい』と言われるから、なおさら稼がなきゃ」

ユウさんは、左分けの髪を耳にかけ直しながら、屈託なく、綺麗な歯を見せて笑った。

フィリピンでは、親が子どもからお金を貰うのが普通なのだろうか。日本では、子どもが大人になっても、お金を与え続ける親がいる。

「お金は子どもから貰うもの。それは、やっぱり親も、お爺ちゃん、お婆ちゃんに、同じことをしてあげてきたから」

少々不満そうな顔を見せたが、

「フィリピンの女の人、皆よく働くよ」

サラリと言った。だから、日本に多くのフィリピン女性が働きに来るのだろう。


出会い系の仕事をしても大丈夫。

でも、フェラの仕事で家計を支えるのはやめて、と彼は言った

ユウさんは毎朝六時半に起きてお弁当を作り、午前九時に出社する。施設には、八十歳から九十歳までの利用者さんがいて、男性は十人、女性が二十数人という。職員は、看護師さんを入れて四十名程度。パートヘルパーのユウさんは、利用者さんのオムツ替えや、お風呂のお世話などの介護の他、「話し相手」という重要な役目も果たす。

ユウさんは、唇だけでなく、丸い肉感的な体をしている。赤いＴシャツを突き上げている胸も、かなりふくよかで重そうだ。はたしてユウさんは、男性利用者さんの目をかなり喜ばせている。

「ヘルパーしているとき、七十歳のお爺ちゃんに、いきなり胸をガッて摑まれたときは、思わず『どうしたの⁉』って、逃げちゃいました。あんまり喋れない利用者さんだから、そのときも、その後も何も言ってこなかったけど。『プリッとしたお尻だね』と言われることもあります。『え⁉』としか言えないんです。『ごめんね、お尻でかいから』って冗談言ったとき、職員さんに怒られちゃったし……」

利用者さんを傷つけることのない、賢いかわし方だと私は思うのだが、「え⁉」と言う対処しか許されないのだろうか。もしかしたら、ユウさんが利用者さんたちに好かれているから、職員の嫉妬でも買って、怒られてしまったのではないだろうか。そこで、イジメについて尋ねると、

「あります」

ユウさんは、即答した。

「今の施設《ところ》以外の職場でありました。私、仕事は遅くないはずなんですけど、『遅い、遅

い』とうるさく言われたり、無視をされたり。分からないから聞いているのに教えてくれなかったり……。何を聞いても『自分でやったら？』『自分で考えてやれば？』とか、あまりに酷すぎて憂鬱になって、会社を休んだこともありました。その点、今の職場では、イジメはありませんけど、愚痴は多いです。『本人に直接言えばいいのに』って思っちゃいますけどね」

落ち込んだときは、お婆ちゃんの利用者さんたちを見ていると、癒されるという。そのお婆ちゃんたちのほとんどが認知症だ。

「私、初孫で、フィリピンにいたとき、お婆ちゃんにいっぱい可愛がられてたから、『老人を大切にしなさい』とか、お婆ちゃんの言いつけは全部守ってきたんです。私、お婆ちゃんに愛されてたから、何があっても今の仕事を続けてこられたんだと思うんです」

何があっても？　何かあったのだろうか。

ユウさんの言葉の裏に深い意味が込められている気がした。異国で、しかも女性の多い職場で働くのはやっぱり難しいことなのだろうか。ユウさんは、珍しく即答せず、一瞬だけ視線を宙に浮かした。

「いえ。いやっ。もう慣れました。人間関係にも慣れちゃったし……。この仕事は本当に大変ですけど、私、介護の仕事が好きなんです。好きになったというか……。私、人の面倒を見るのが、もともと好きだから」

厚い唇を左右に広げて、穏やかに笑う。

言葉に詰まったところを見ると、言いたいことは他にありそうな気がした。それでも介護の仕事が好きというのは本心のようだ。もし、介護の収入がもっと上がったら、ユウさんは、出会い系の仕事をしなくて済むのに……。

ところがユウさんは、しばらく考えた後、

「出会い系は、続けるかもしれない。私の場合、出会い系の仕事があるから介護の仕事がスムーズにできて、介護の仕事があるから出会い系の仕事ができるのかもしれません。彼氏の収入が上がって、私のお金も貯まって結婚したとしても、やっぱり両方したいと思うかもしれません」

その彼氏だが、今もユウさんが出会い系の仕事も続けていることを知っている。半年前、ユウさんに持病の発作が出て病院へ運ばれたとき、当時出会い系のお客だった彼氏が心配して迎えに来た。そのとき、これまでの風俗嬢とお客の関係から、恋人関係に昇格したという。

九歳年上、四四歳の彼氏は、「エッチをしなければ出会い系の仕事をしても大丈夫。でもフェラの仕事で家計を支えるのはやめて欲しい」という条件を出し、ユウさんは、その約束をしっかり守っている。

「束縛しない人だけど、エッチだけはやめてと言われたから、最近は、乱交パーティに行くのも罪悪感が出てきて、やめてるんです」

大きな目を細くして笑うユウさんの表情が愛らしくて、私もつられて笑っていた。彼氏がユウさんを信じて束縛せず、自由にさせている気持ちが少し分かった気がした。ユウさんには、淋しい人の心と下半身を温かくする不思議な魅力がある。性的魅力がいっぱいあるのに、同性が見てもいやらしさを感じさせない貴重な存在の女性だ。だからこそ、ユウさんのような女性には、日本の孤独なお爺ちゃんたちのために、介護の仕事を細く長く続けてもらいたいと、私は心から思った。

case 08

「介護をするようになってからは、優しさを覚えた。それまでは私、本当に仕事とお金だけだったのに」

高齢者のなかで最後に残る欲望は食欲、性欲、物欲

そして横浜市にも、介護の仕事が大好きで、介護の仕事を続けるために副業をしている介護福祉士がいる。夏実さん（仕事名・四五歳）は、小規模多機能（＊1）（デイサービス、ショートステイ、訪問サービス）など全部のサービスを含む施設で主任をしている。チームメンバーは六名。

六年前、離婚をきっかけに、介護の仕事をするようになった。今の職場の前は、認知症専門のグループホームで働いていた。

「結婚した頃、お料理教室の先生をしていたんです。母を看取ったんですが、一緒にホスピスにも入りました。そのとき、（あっ、介護っていいもんだなぁ）って、夫と別居したのを機会に、すぐ学校へ通いました」

小さな顔の横で、肩より長いふわふわの黒髪が揺れている。ノーメイクなのに、童顔の肌は艶々と輝いていて、とにかく明るい女性だ。

「介護の仕事って、経験だけじゃなくて、『試験を受けてナンボ』なんです。頑張って受けないと、上へいけないんです。でも、上にいったとしても、仕事はキツいし、給料がメチャメチャ安いから、下の人が辞めちゃう。それでいて人相手だから、ＯＬさんと違って、

何時から何時まで、で終わらないんですね。お子さんのいる女性の場合、夕食作ったり、子どもの世話をしたりで、十分、十五分でも遅れるとキツいって辞めちゃう人が多いんです。なかなか続かない仕事です」

安倍総理が二〇一三年四月に「女性の職業生活における活躍の推進」方針を打ち出したが、介護の現場で生かされるようになるのは、一体いつのことだろう。そういう中、どうして夏実さんは、続いてきたのだろうか。

「私、大好きだから」

夏実さんは、言い切った。魅《ひ》きつけられるような爽やかな笑顔だった。

「介護の仕事をしていると、ストレスが溜まるとか、鬱になる人が大勢いるってよく聞きますよね。私、まったくないんですよ。二、三日仕事に行かないだけで、淋しくなっちゃうんです。私、母一人子一人で育ったから、今は家族が一人もいません。利用者さんは、お爺ちゃん、お婆ちゃん、お父さん、お母さん、私にとって本当の家族なんです。だから家にいるより職場にいるほうが楽しいんです。それだけにすごい心配だから、細かいことも気づくようになれたんです」

夏実さんの言葉には、自信が漲《みなぎ》っていた。

自分が楽しい。だから利用者さんも楽しんで欲しいと、夏実さんは、いつも思って仕事をしているそうだ。

「六十代のお爺ちゃんで、私のこと、女王様って呼ぶ利用者さんもいます。私、敬語を使わないし、すごいフランクで介護の仕事をやってるんですよね。人それぞれ特徴があって、私は私のカラーでやればいいんじゃないかなって。だからエロ話も炸裂します。男と女しかいないんだから、エロがあってもいいじゃない。それで元気になれるなら、お尻の一つでも触ってみなさいって感じです」

今日の夏実さんは、黒づくめだ。

黒いタンクトップの上に黒いレースの上着、黒いミニスカートの下には、黒い網タイツと、膝上までの黒いブーツを履いていて、都会の女性らしくとても似合っている。エロ爺ちゃんたちは、施設で、制服の下に隠された、スレンダーなのに凹凸《おうとつ》のある夏実さんの魅力的な体を見抜いているようだ。

夏実さんの働いている小規模多機能施設では、最高十五人の利用者さんがいる。小規模多機能というその施設では、利用者さん三人に対して、介護士が一人という割合で取り組んでいる（小規模多機能の通所時間帯の介護従業者の人員基準は、通所の人数÷3＋訪問介護要員一人となっている）。ところが夏実さんの話を聞いていると、その男性利用者さんのほとんどが、エロいように思えてくる。

「お爺ちゃん、するする！　いっぱいする！　トイレの介助で二人っきりになると、オッパイやお尻触ってきたり、パンツ（制服のズボン）越しにお股に手を入れてきたり……。

親指を人差し指と中指の間に入れてゲンコツを作って、『これ、知ってるか？　知ってるか？』って、ニターッとくっついてくるから、『ううん。知らないなぁ』って、知らないフリして、『親指でしょ？』って言ってあげると、『違うよ、違うよ』って、喜んでいる。いつもチューしてこようとするお爺ちゃんには、口を避けて、自分からおデコを持っていってあげる。そういうことがあってもいいと思うんだけどね。他の人は、そこまで機転をきかせられない。『汚い』とか言って……」

夏実さんは、気持ちいいくらいサッパリと言った。とはいえ、狭いトイレの中で、利用者さんが「ニター」「ニヤニヤ」しながら、口角に泡を溜めたり、唇によだれを滲ませ体を触ってきたり、卑猥なことを言ってきても、笑ってかわして介助の仕事をきっちりとするなんて、私には、とてもじゃないができない。

お風呂の介助をしていて、お爺ちゃんの下半身が反応して、そのとき、「触ってくれ」と手をいきなり引っ張られることもあるという。夏実さんは、どうしてきたのだろうか。こんなこと、想像しただけで気色悪くなる。

「私にだけしてくれるならまだいいけど、一度触ってあげちゃうと、他の介護士にも同じことを欲求してくるものです。私の体を触ったり、私に要求してきたりするのはいいですけど、職業的にまずいので、応じることはできません。だから『ここは、オシッコをする大事なところだからね』とか、『他の人にしちゃダメだよ。私が彼女なんだから、私だけにするんだよ。浮気しちゃダメよ』って言ってあげるの。そうすると案外、納得してニカーッて笑って、それで終わり。可愛いんだよね。覚えてれば、また私のときにだけしてくるし……」

夏実さんは、あえてそのように振る舞って、他の職員がセクハラに遭わないよう、エロ爺ちゃんたちをコントロールしているのだ。介護職の経験から、高齢者の中で最後に残る欲望は、食欲、性欲、物欲と、夏実さんは言う。さらにその中で、性欲の残る人がダントツに多いそうだ。しかし、それはお爺ちゃんだけじゃない。

「清拭《せいしき》と言って、オムツ替えでお股を洗ってあげているとき、七五歳の認知症のお婆ちゃんが、『ああ、気持ちいい……』って言ってるうちに、性器からタランと液体を垂らしたんです。(これは何?)って、洗いながら思わずジーッと見ちゃうんだけど、まだ感じるのかなぁと思って。そのお婆ちゃんは、若い頃、水商売をしてて、そのあと売春をしていたそうだけど、年取って路上生活になって、ウチの施設に入ってきたんです。そのお婆ちゃんは、知らないお爺ちゃんのベッドに入ったり、チューしに行ったりするんです」

認知症になった夫の性欲を気持ち悪いと思う妻

最近入ってきたお婆ちゃんは、有名な温泉地の高級旅館で仲居さんをしながら、お客さん相手に売春をしたり、お金持ちのお客に囲《かこ》われていたりしたという。そのお婆ちゃんも「お股の毛が少ないの」とか、ズバズバと自分の性器のことを話題にする。

「売春をする度に五万円も貰ってたとか、貰ったお金を若いいい男に貢いだとか、そういう話をする人、いっぱいいるんです。『すごいね、それぇ』と言うと、もっと話をしてくれてね。東京に憧れて上京してウェイトレスをしながら、体を売って生活してたってお婆ちゃんもいます」

認知症のお婆ちゃんが、皆のいるリビングルームで、M字開脚のように大股を広げ、口をポカーンと開けて認知症のお爺ちゃんに触らせていたこともあった。

職員が唖然としながらも、あわてて二人を引き離したという。

「今、若年性アルツハイマーさんもすごく多いんです。若年性さんだと、少し認知は始まっていても、体は本当にその年のまんま、元気で、あっちも元気なんです。だから職員にセクハラする男性《ひと》がいて、ちょっと注意をすると、今度は、利用者さんに手を出すんです。ご家族がその場にいたら、とんでもなく大変なことになったんではと思うようなことをね。

だったら将来、自分にはどの欲が残るのかなぁって、利用者さんを見ていて考えたりもします」

家族がいたら、と夏実さんは言うが、利用者さんの家族は、自分の親が獣のごとく欲望のまま介護士さんにセクハラしていることなど、知らないどころか、想像さえしていない。介護士さんに注意をされたら、今度は、お婆ちゃんに、見境なく襲いかかっていくことも知らない。なのに、重箱の隅をつつくように介護士の仕事内容にクレームをつけてくる家族は大勢いる。自分の親がエロ顔で介護士さんにいきなり抱きついたり、胸を触ったりしている姿を目撃したら、家族は卒倒してしまうのではないだろうか。いや、それさえ、介護士さんが誘惑したと言い出す家族もいることだろう。現場を知れば知るほど、介護の仕事の大変さが、より分かってくる。

「お年寄りだってね、心だけでなくて下半身の温もりも欲しいだろうし……。皆、すごい、家族からも虐げられてるんですよ。施設《ウチ》はショートなのに、一週間の内、一日家に帰れるぐらいで、あとはずっと預けられちゃったきりの利用者さんとか。皆、家での居場所がないんです。子どもたちは、親の面倒を見たくない。お年寄りは汚らしいものって考えている家族が多いんです。オムツしてるから汚らしい。認知入ってるからとか、年取ったというだけで汚らしいって思う子どもたちが大勢いるんです」

家族でさえこうなのだから、広い範囲の社会全体で見れば、この先、人々は高齢者をもっと見捨てていくかもしれない。

このままでは、高齢者難民が日本中で溢れる時代がやってくる。

夏実さんが働いているところは、裕福とは言えない利用者さんたちも多くいるようだ。お金持ちの親のところには、子どもたちはよく会いに行くが、お金のない親のところには、汚いもの扱いをして預けっ放しで、会いに行きたがらないという子どももいる。中には、年金支給日にだけお小遣いを取りに来る「いい年の子ども」たちもいる。

取材を進めていくと、なんだか、やるせなくなってくる。しかし、まだ施設を利用できるだけいい。


介護士さんの離職率がますます増えていったら、自分がその年齢になったとき、介護士さんの大不足で、介護を受けられなくなるのではないかと、今から不安が募る。高い介護保険料を毎月払い続けていても、自分が将来、必要な年になったとき、人材不足から介護が十分に受けられないなんてことも起こってしまうかもしれない。「今」を見ていると、「明るい介護」の将来図が、どうしても見えてこない。夏実さんのような機転の利く、明るくて世話好きな介護士さんに、私が「その年」になったときに出会えたらいいけれども……。

嬉しいことに夏実さんは、これからもずっと介護職を続けるつもりでいてくれている。

しかし、そういう夏実さんだって、施設内で怖いセクハラ経験もしているのだ。

「身長一八〇センチくらいの大きな身体をした五十代の若年性認知症の人で、某有名人の叔父と言ってました。夜勤のとき、ベッドに引きずり込まれて襲われそうになったんですね。認知症でも力は強いんです。夜勤は一人だから、『助けて』も言えないし、（ヤバい！）と思って夢中で逃げましたね。でも、その人、したことを覚えてないんです。あとで怒っても『何それ？』ってケロッと忘れちゃってて。で、また咄嗟にやってみたり……。トイレ介助のとき、後ろからギューっと羽交い絞めにされたときも、身動きできないんです。手を避《よ》けて、ブルブル震えながら逃げました。夜勤のとき、寝てたら目の前に顔があったり、職員が襲われることは、いっぱいあります。こういうことが重なって、夜勤がしばらく恐くなってしまいました」

その身長一八〇センチの利用者さんの娘の彼氏が面会に来て、エロ本を差し入れしたところ、拍車がかかって、さらに性的暴力が酷くなったという。あまりの事態に、ついに施設のケアマネジャーが、面会に来た妻に、

「奥さんと部屋《ここ》でしてもらってもかまわないんですよ」

と言ったら、

「気持ち悪いからイヤです！」

即座に拒絶反応を起こしたそうだ。この利用者さん家族に限らず、「何言ってんの！」

汚らわしい!」「認知のくせにそんなこと考えて!」と拒絶する妻が多いと、夏実さんは言う。

「外部調査っていうのがいろいろあるんですが、『何が大変ですか?』と聞かれたとき、職員を代表して『性に対することが大変です』と答えても、外部の方は、そういうことが大変だとは分かってくれなくて。性に対して、どうやって対処したらいいかってことをあんまり勉強させてくれないんです」

教えてもらえないなりに夏実さんは、エロ攻撃からかわす方法を自分で会得し、自身を守っている。

人は、オムツで始まりオムツで終わる

介助で手を握って歩いているときでも、もう片方の手で、夏実さんの太股を触ったり、胸を触ったりしてくるエロ爺ちゃんに対しては、ちょっと引きながら、「あっ、これ持ってて」「一緒にお手伝いして」などと言って用事を頼み、とりあえず相手の両手をいっぱいにさせる。『温泉に連れて行ってやるから、二人で一緒に入ろう』と、しつこく誘ってきたり、お尻をずっと見つめているようなエロ爺ちゃんには、「そういえば、この前の料

理、どうだった？」とか「あれ、美味しかったぁ？」などと、夏実さんは一八〇度、話題を変えるようにしている。

「認知症の方は、二つのことを同時にあんまり考えられないので、エロモードを他に持っていくんです。好きな趣味の話とか食べ物の話とかね。そのお爺ちゃんの昔の職業の話題に持って行くと、そっちの話を楽しくずーっと喋ってくれるんですよ」

そういうテクニックまで心得ないと、エロ爺遣いはできないものなのだろうか。聞いていると、どんどん憂鬱になってくる。ところが夏実さんは、私の暗い顔を見て、高い声で笑い飛ばした。

「介護をするようになってからは、人に対する温かさや、優しさをすごい覚えたんですよ。私、相手のことを本当に考えるようになれたんですね。それまでは私、本当に仕事とお金だけだったのに」

優しい口調で言いながら、実は介護はテクニックでなく、心なのだと、私にさり気なく教えてくれている。夏実さんは、いつも職場で、こうして部下たちにいろいろなことを教えながら一緒に働いているのだと私は思った。

私の表情が綻ぶのを持って、

「相手をよく知ること、よく観察すること、ストレスを聞いてあげること……。そういうことが、できるようになったかなぁ……。亡くなっちゃったお母さんにできない分、今、お爺ちゃん、お婆ちゃんにやってあげてるのかも……」

そう言ってから、私の後ろの壁に視線を移した。

「介護士になる前は、自分が年を取ったら、ああいう施設ってトコに入れば楽なんだなぁって思ってました。だけど実際、自分が働いてみたら、もう地獄ですよ」

夏実さんは言葉を切った。次の言葉を待っている私をまっすぐ見据えてから、小さく息を吐き出した。

「刑務所？　医療刑務所。認知症って、忘れるだけでなく、体も働きを忘れちゃうんですね。だから垂れ流しになるし、食べることさえも忘れちゃう。その中で性欲だけが残る。本当に〝性〟はすごいなって、働いてみて思いました。人間って、子どもで生まれて子どもに返るんですね。オムツしてハイハイして、年取って最期はまた、オムツで亡くなっていくんです」

人は、オムツで始まり、オムツで終わる。

介護職の夏実さんならではの重い言葉だった。

夏実さんを襲ってきた若年性認知症の男性だが、さんざんエロ三昧した後、肝硬変で亡くなった。

「亡くなるときって、体の中のもの全部出して亡くなるんですよね。出血したり、排尿、排便して。その人、ジャバーッと精子まで出して逝きました。（ああ、こんなに溜まってたんだ）って、看護師さんが、きれいにするときに驚いたくらいにね。今、五十代、六十代の若年性認知症の人が、母体の病院からどんどん私のいる施設に送られてくるんです。若年性認知症の人を入れると、お国からの援助が出る。それが欲しいがために、長くいたお爺ちゃんお婆ちゃんを出して、ガンガン若年性認知症の人を入れるんです。そうすると職員が大変になってしまう……」

夏実さんの口調がスローダウンした。

犠牲になって去っていったお爺ちゃん、お婆ちゃんを思い出しているのだろうか。夏実さんの眉間に影が宿った。

私は、夏実さんがお爺ちゃん、お婆ちゃんのことが、とても好きなのだと感じた。しかし、好きだけで、このようなハードワークは続けられるものだろうか。施設見学をしたときのことを私は思い出す。あの汚物の姿と、鼻の曲がるような臭気と毎日、顔を合わせていかなくてはならないのだ。臭覚が特に鋭い私のことだ。食事ができなくなるかもしれない。

大好きな介護の仕事を続けるために、風俗をやっている

夏実さんは、エロ利用者さんから襲われそうになったり、体を触られたり卑猥なことを言われ続けていても、この仕事がイヤにならないのだろうか。介護職は、まるで3K。危険、汚ない、きついと、大変なことばかりが目につく仕事のように、私には思えてならないのだ。

「それが私、まったく平気だったの」

夏実さんは、急に声を大きくした。

「汚いとか、気持ち悪いとか、臭いとか、そういうのが私、ないのかなぁ。介護士で一番イヤなのが汚物と言われているけど、私、最初から本当に平気だった。でも、女性より男性介護士のほうが汚物に弱いみたい。『汚物見て、生海苔《なまのり》が食べられなくなった』『お味噌とか、粘土状の物が食べられない』っていう男性介護士、いっぱいいますよ」

夏実さんの声が、だんだん小さくなっていった。そして最後に笑った。

「男性のほうが汚物に弱いけれど、社会（的立場）では女性が弱いですよね」

嚙み締めるように言い添えた。夏実さんの平均月収は、十五万円程度。三勤一休で月に二三日から二五日働いている。

「コンビニのバイト代より少ない！」

と、夏実さんは、大きな声で言い放った。ちなみに夏実さんの働く横浜市にある大手コンビニの時給は九百円以上。一日八時間で二三日間働くと、源泉徴収されても十五万以上は貰えることになる。

「ちょっと休んだりすると、十三万から十五万円の間になっちゃいます。残業手当は、あまりつけてくれません。でも私、現場が好きだから、給料が安くても別にいいかなと思ってるんです。自分の好きなことをしたい。寝る時間をちょっと削ることで生活ができるのなら、自分がやりたいと思ってることをやっていきたい。私はそれが一番いいと思ってるんです」

夏実さんが、黒眼鏡の奥を輝かせてそう言うのには、理由がある。実は夏実さんには、四人のパパがいる。そして、月に二回くらいデリヘル嬢もしている。肌が艶々で健康そうな色気を携えているのはそのせいだったのかと、夏実さんから聞いて納得した。

「パパは、六十歳、六八歳、六九歳と七十歳。職業は、マッサージ師さん、お弁当屋さん、あとの二人が社長さんで、長いパパとはもう四年くらいになるんです。でも男の人って、金銭的に負担がいっぱいになっちゃうと、一回に切られちゃうから、貰うお小遣いは、お車代程度、二、三万くれればいいんです。しかも毎月皆と会えるとも限らないから、月に三人くらい会えれば……」

夏実さんは、猫毛のように柔らかそうな髪を揺らして、おおらかに笑った。四人もパパがいるというのに夏実さんが言うと、少しもいやらしさがない。

「だから週に一回は、パパさんに会うか、風俗するか……。デリヘルは、丸一日休みの日、といっても月に二回ぐらいしかないけれど、一日に三、四万くらい。一回一万いくらのすごく安い熟女系デリヘルなんです」

夏実さんは五年前、母親の死亡保険金で、３ＬＤＫ、二千五百万円のマンションを買った。

「とりあえずマンションだけは買いなさい。そうすれば、あなたが何をやってでも生きていけるから」という母親の遺言だった。そして、通勤に不可欠という車も持っている。家賃はかからないわけだが、横浜市という都会で平均月収十五万円というのは、

「生活、絶対できないです。副業なしでは、１００％できないです」

夏実さんは、私の質問を奪って断言した。

「大好きな介護の仕事を続けるために今、風俗《あっち》の仕事をしてるって言っても過言じゃないです。介護の仕事を削って、風俗《あっち》の仕事だけをしたら、収入は断然いいし、いい生活もできる。月に二五日も働かなくていいしね。だけど、あくまでも大好きな介護の仕事を続けたいがための副業なんです。政治家さんに言いたいですね。『私たちと同じ給料で、同じ仕事をしてみろ。この給料で生活できますか？』って」

風俗に限らず、いろいろ副業をして生活費を補っている介護職の人を、夏実さんは何人も見ているし、見てきたと言う。

「この少ない給料で、これだけの仕事《こと》を私たちはやっているんですよってこと、政治家さんに分かってもらいたい」

夏実さんは私に真摯な眼差しを向けた。

「本当に思う」

強調するように一語一語区切って言ってから、唇をきつく閉じた。笑みの消えた夏実さんの顔を初めて見た気がした。が、すぐに小さなため息と一緒に肩の力を抜いて、視線を斜めに反らせた。

「私、自分が死ぬことが、一番怖いんですよ。母親が病気ですごい苦しんだのを見てるから。『殺してくれ、殺してくれ』って。それが頭に残っているから、死ぬのが怖いんです。もっとお母さんにしてあげたかった……」

夏実さんの底抜けの明るい笑みが、淋しい笑みに一瞬変わった。

「利用者さんは、私にとって本当の家族」と、インタビューの最初に夏実さんは私に言った。その言葉を思い出していた。死が怖くても夏実さんは、死に一番近いところで働いている。その本当の理由は、やっぱり身内のいなくなった夏実さんにとっての「家族」が好きだからではないだろうか。

こういう思いやりある介護士さんたちが、輝いて仕事を続けられるよう、まずは賃金を上げ、それから働きやすい環境をと願わずにはいられない。

＊1 **小規模多機能**　小規模多機能型委託介護のこと。通い、訪問、泊りを一つの事業所でできるようにミックスしたサービス。利用料金は、要介護度による定額制で、基本、食費や宿泊費は実費負担となる。一つの事業所の定員が二五名以下と定められているため、常に様子を気にかけてもらえることがメリット。

case 08

「介護をするようになってからは、優しさを覚えた。それまでは私、本当に仕事とお金だけだったのに」

case 09

「夫には多分、バレない。絶対にバレない。罪悪感？……ありますよ」

お人形のような美少女風俗嬢が語る、介護と風俗の共通点

そしてもう一人、お爺ちゃん、お婆ちゃんのことが好きで、定年まで介護の仕事を続けたいと思っている女性がいる。

恵恋《えれん》（仕事名・二八歳）さんは、介護福祉士で、広島県の隣県で十八歳のときから十年間、施設で働いている。

身長一五二センチと小柄なSサイズだが、バスト七九のEカップ、ウエスト五四センチ、ヒップ七四センチというメリハリある美しい体をしている。まるでバームクーヘンのように細いウエストを白黒柄のワンピースで強調していた。そして、もっと驚いたのが、彼女の小さな顔だった。二二歳くらいに見える恵恋さんは、とにかく可愛くてお人形のように整っている。こんなに綺麗な人がいるだろうかと、私は彼女の姿を見入ってしまった。

「両親が福祉の仕事をしていたので、その影響で私も。あと、お爺ちゃん、お婆ちゃんが好きだったから、介護の道へいこうかなって。ヘルパー（資格）も途中で取りました」

肉感的な唇から出てくる言葉は、意外にも淡白な喋り方だった。二重の大きな目で私を見つめて話す。

恵恋さんは、老人施設で日常生活の介助をしている。利用者さんは、デイサービスを合

わせると、百人以上。職員は約八十人で、フロアにより、利用者さんの内容が変わっている。恵恋さんは以前、一般高齢者の介護をしていたが、三年前、異動になり、現在は認知症フロアで働いている。

認知症フロアは閉鎖されていて、エレベーターや階段も、鍵がないと、そのフロア外へ出ることができないようになっている。

給料は、週五日勤務のなかに夜勤もあって、手取りは十八万円と、やっぱり低い。が、

「他の施設に比べれば、まだいいほう」

恵恋さんは、下まぶたを膨らませて、小さく笑った。生活費のため、五年ほど前から副業もしてきた。まずは飲み屋さんに、派遣で働きにいった。一回出勤すれば、手取り約十万円は貰えたが、接客業なので長くは続かなかった。

「それで、パチンコ屋さんでバイトを始めました。フロアの仕事です。月によって、六、七万貰えたんですが、一年半前、ダンナさん（二七歳）とまだ付き合っているときに、知り合いに見かけられて、バレたんです。ダンナさんに『別にお金稼がんでもいいけ。せんでいいよ』って言われて辞めました。でも稼ぎたい」

そこで恵恋さんは、「時給がよくて、短い時間でバレずに働ける」求人を捜し始めた。

マッサージ師の資格を持っている恵恋さんの目に止まったのは、広島にある〈カサブランカ・グループ〉系列店の〈天使の指先〉だった。この店では、女の子は上半身だけ裸に

なるが、下着は穿いたまま、全裸の男性客に、手だけでアロママッサージをする。お客は、女の子の胸は直に触れるが、下のほうは下着の上から触るだけで、下着の中に手を入れることは許されていない。「舐めないプレイ」と、同席している〈カサブランカ・グループ〉の代表、長谷川華さんが横からつけ加えた。

「抵抗……？　うん、なかったです」

恵恋さんは、あっさりと言った。その言い方と、愛らしい顔との間に、かなりギャップがある。

「働けるだけ働きたいんです。私、働くのが大好きで、貯蓄もしたいんです」

恵恋さんは、〈天使の指先〉で働き始めてから三ヵ月後、結婚して実家を出て、２ＤＫ、家賃五万円のマンションで夫と新婚生活を始めた。夫の仕事は、電気関係のエンジニアで、月収は約二十万円。風俗副業のことは、まったくバレていない。

「介護の休みは平日が多いので、大体昼間（風俗で）働いて、ダンナさんが帰るまでに家に戻ります。多いときは週二日出ていますが、一週間まったく出られないときもあります。土日に介護の休みがあるときも出てますし、連休があれば、夜も出ます。そのときは夜勤ってダンナさんには言ってます。月に四、五回出て、毎月十万（円）いかないぐらいかな？　貯金して、生活費が足らないときは、内緒でやり繰りして、生活費に廻したり……」

恵恋さんは、ちょっとバツが悪そうな笑みを浮かべた。笑うと、顎に乗っているホクロが色っぽく揺れる。

「もし、風俗《これ》がバレたとき、大変なことになるのは……？」

心配して言ったところ、

「ないと思います」

恵恋さんは、まったく心配していない顔をして、少々高い声で言い切った。

「多分、バレない。絶対バレない。やっぱり、バレることはないと思います。名前も違うし、年齢も二六歳で働いてるし」

急に早口になり、たたみかけるように続けた。

〈カサブランカ・グループ〉のホームページの中から〈天使の指先〉で恵恋さんを捜すと、「身長一五二、バスト七九のE、ウエスト五四、特技マッサージ」までは本人そのものだが、年齢は違う。二歳のサバ読みは、風俗で働く場合、お客受けにかなりの差があるそうだ。

また、恵恋さんの住居も職場も広島県内ではないため、夫やその友人が万一、風俗に行くとしても、わざわざ隣県の広島市まで来ることはないと恵恋さんも華さんも予想する。

さらに、バレて困る女の子のために〈カサブランカ・グループ〉では、いろいろな配慮をしている。事故や不幸など、家族が緊急に女の子の携帯に電話をしても、仕事中は応対ができない。そんなとき、家族は、女の子が勤めていると言ってある会社に電話をするものである。けれども、その電話番号では、「広島○○センターです」「居酒屋○○です」などと、スタッフが応対するのでバレることはない。

また、夫、彼氏、親、男友達など「身近なバレてはいけない人」と、お客として出くわすことがないよう、「ＮＧナンバー」も女の子に聞いている。その電話番号からかかってきた場合は、別の女の子を派遣するシステムになっているそうだ。こういう手厚い心配りは、女性オーナーならではのものだと思う。

しかし、罪悪感について私が尋ねると、

「ありますよ」

遮《さえぎ》って恵恋さんは即答した。

「でも、あんまり考えとったらダメだなと、あんまり考えてないです」

と、一度言葉を切ってから、

「仕事って割り切ってますもん。仕事仕事って」

まるで自分に言いきかせるように、声の調子を上げて付け加えた。

恵恋さんの場合、一〇〇分、一三〇分コースが多く、大体四割を店にバックするので、一人につき一万円くらいを貰う。

「この値段、私、高いと思うんです。裸になってお風呂に一緒に入って、手だけでマッサージして、手取り一万円。毎日出勤したら、すごい高くなると思う。日勤八時間労働で、二五日働いて手取り十八万の介護の給料より、ずっといいです」

それでも恵恋さんは、風俗一本には決してしない。

「介護は絶対続けます。続けたいんです。働けるだけずっと。定年まで働きます。私、この仕事が好きなんです。やりがいがあるし、職場の職員とも仲よくやっていけてるし」

恵恋さんは、特に力を込めて言った。風俗のほうの客層は、二十代から五十代と幅広いが、施設の利用者さんも六五歳以上からと幅広い。毎日毎日、昼も夜も、人の体を触る仕事を恵恋さんはしている。飽きたり、うんざりしたりしないのだろうか。

「いや、それはないです。介護と風俗《そっち》の共通点は、あくまでも人ですから」

恵恋さんは、すぐに否定をした。

「私、最初からなんか、この介護《しごと》、割り切ってたんですよ。だからオムツ交換とか苦じゃなかった。実習に来た子たちって、勉強しかしてないから、現場に来てオムツ交換やって、汚いとか臭いとか、びっくりしたりするんですけど」

大きな瞳を輝かせて、自信を持って言う。キャリア十年のベテランらしい言葉だった。しかし、こんなに可愛い容姿をしていては、お爺ちゃんたちの口や手が黙っていないのではないだろうか。

「(エロ行為)は、ないですね。一般高齢者のフロアにいたときもなかったし、けっこう可愛がってもらえました。お婆ちゃんは、若い男性介護士さんの腕に手を廻したり、『おっさんはイヤ。私は若い子がいい！』って、はっきりと言いますよ。お爺ちゃんたちは、若い女性《こ》だと緊張するって言ってます」

恵恋さんの言葉を引き取って、かつて介護職をしていた華さんが、解説を始めた。

「風俗《こっち》のお客さんも同じで、本番禁止なのに本番を若い子に請《こ》うときは、『お願い、させて』なんです。ところが、年齢の高い〈五十路マダム〉の女の子たちに対しては『してくれるでしょ？　するよね？　もう年なんだから』って、言い方が全然違うんですよ。恵恋さんのように、こんなに可愛いと、お爺ちゃんたちも、嫌われたくないから、遠慮して、触ったり悪さができないんだと思います」

若く可愛い子には、お爺ちゃんは手を出しづらい!?

お爺ちゃんには、お爺ちゃんなりの遠慮やエロポリシーがあるようだ。

そんな利用者お爺ちゃんたちは、恵恋さんの副業を知らないわけだが、入浴介助で体を洗ってあげているとき、「なんか洗い慣れとるね」とか、「体を拭くのが上手やな」と言って、恵恋さんを素直に褒めている。副業のほうでは、店にあったＤＶＤを見て、恵恋さんはマッサージの仕方や流れを学んだそうだ。

「利用者さんのお爺ちゃんたちって、性欲は多分、ないと思います」

と言ってから、恵恋さんは、少し自信がなさそうに小首を傾げた。

エロ行為を受けたことがないからか、恵恋さんは、今まで取材した女性たちと反対のことを言った。「可愛い」「若い」「スタイルがいい」の三項目が揃うと、お爺ちゃんたちは引いてしまい、全面的に「いい子」になろうと努めている。聞いていて、お爺ちゃんたちがとても正直で、愛らしく思えてきた。

華さんは、恵恋さんが「フードル」（風俗アイドル）の基準範囲にはまっていると言った。

「この業界は、ウエスト六〇センチ以上は『デブ』『ポッチャリ』って固定観念があるんです。スレンダーとされている女の子のウエストは五三か五六センチ。ウエストは細いほうがいいくせに、胸は大きいほうがいいんですね。顔とか関係なしにE、Fカップサイズを望む。Cカップ以下は、お客様にとってペチャパイなんです。お尻のほうは、ツルンと真っ平よりは、ポッコリある人のほうがいいらしいけれど、お尻よりは胸とウエスト。男の人は、くびった（くびれた）体が好きなんです」

だから利用者さんたちは、恵恋さんに弱くて、遠慮してしまうのだ。しかし、認知症による暴力のほうは存在する。

「施設の利用者さんが、いきなり叩いてきたりとか、あります。元々は、そういう人じゃなかったって、家族は言いますけど、何度もします。でも職員のなかにも『いけんよ！』って、お爺ちゃん、お婆ちゃんに対してキレて、言いすぎなんじゃないかなと思うときもあります。男性職員にちょっかいを出して『こら！』って言われて喜んでいるお婆ちゃんはいいんですが……」

こういったことがなくても、仕事内容は、やっぱり3K（汚ない、危険、きつい）仕事であることには間違いない。

「夜勤は、夕方四時半から朝九時まで、二人の介護士と一人の看護師さんと三人でやっています。医療行為もするから、看護師も介護士にも結構責任はあります。だから、もうちょっとお給料を上げてもいいんじゃないかなとは思うんですけどね。体力もかなり使うし……」

恵恋さんの言葉に私は、ようやく気づいた。

介護士は、確かに責任が重い。事故でも起こったら、大きな責任が介護士と施設にのしかかる。なのにどうして、お金が仕事内容についてこないのだろう。資格が必要で、責任が重い仕事をしているのに、看護師さんと比べて職位が低く評価されがちなのは、賃金の安さからもきているのではないだろうか。とは言うものの、介護の仕事が大好きな恵恋さんは、毎日、一生懸命仕事をしている。特に恵恋さんが力を注いでいるのが、コミュニケーションだ。

「介護のお仕事も、風俗のお仕事も、人相手でコミュニケーションがすごい大事って言われています。私、両方とも、人に楽しい時間を過ごしてもらいたいと思っているんですね。風俗で『楽しかったよ』って言われたら、すごい嬉しいですし、介護でも、話していて利用者さんの笑顔が見られたら、よかったなって、いつも思うんです。私、人に喜んでもらうのが大好きなんです」

恵恋さんの表情が明るく弾んでいる。両方の仕事とも、まさに脂が乗っている。ところが新婚家庭のほうはと言うと、

「結婚したら（エッチ）は、どうでもよくなりました。仕事から帰ったら、ご飯作って、あれこれして、すぐに夜。疲れて眠くなっちゃって……。でも、お風呂は一緒に入っています。ガス代がもったいなくて……」

月に二五万前後稼いでいるのに、家では普通の節約妻をやっている。二つの仕事を持って外で働きまくっているから、自宅へ戻るとヘトヘトなのだ。でも、そういう普通っぽさが、お爺ちゃんやお婆ちゃんにも好かれ、そしてお客さんにもウケているのだろうと私は思った。

大きなお金や、分相応でないお金は、時として人を変えてしまう。恵恋さんには、純朴で可愛い女性のまま、最後まで夫を騙し続け、お爺ちゃん、お婆ちゃんのお世話を定年ま

でしてもらいたい。夫に嘘をつき、副業をしてまで介護の仕事を続けてくれる希少な女性なのだから。

case 10

「風俗って、お客さんの視線や会話から、私に対して何を求めているんだろうって気づかないと、いい接客ができない。介護も一緒です」

二十代の美しすぎる人妻が介護と風俗のダブルワークをする理由

そして、もう一人、妻であり母でもあるケアワーカー（介護福祉士・病人や老人の日常生活の介助を行う人）で、副業をしている女性がいる。〈カサブランカ〉で働くりおんさん（仕事名・二五歳）だ。〈カサブランカ・グループ〉には、サービスの内容や女性によって、現在三五店舗があり、姫路や京都、岡山にも進出している。〈カサブランカ・グループ〉の一軍店というのがデリヘル〈カサブランカ〉で、グループ随一の高いクオリティが自慢の看板店だ。カサブランカ嬢は、常時入れ替えはあるものの、わずか二十数名しか在籍しない。百人の女性が面接に来て、ようやく一人が〈カサブランカ〉に入れるくらい、選りすぐられた女性たちがいる。りおんさんは、モデルさんのように人目を惹くほど長身で、肌も顔の作りも美しい女性だった。

高校卒業後、十八歳のときから、特別養護老人ホームで働いている。ケアマネジャーの資格もあるが、現場が好きなので介護福祉士をしているという。月収は、手当も含めておよそ二五万円。

「そこから、いろいろと引かれます。五歳の子どももいます。将来、看護師の資格を取りたいので、看護学校に行く前にお金を全部貯めて、学校に行きながら仕事をしなくてもいいようにしておきたいんです」

りおんさんは、優しい声で流れるように言った。長く艶やかな黒髪は、高い鼻や大きな目をより美しく引き立たせている。グレイのハイネックセーターに、黒いスカートというシンプルで地味なファッションなのに、りおんさんが坐っているだけでその場が華やかになる。ところが通勤のときは、長い髪を一つに束ね、ノーメイクでスニーカーにジーンズ、トレーナーといった少年のようなファッションをしているので、今の姿とは全然違うと言う。

「夜の仕事をするまで私、スカートを持ってなかったんです」

少し恥ずかしそうに唇を綻ばせた。スカートを穿かなかったということは、自分の美しさに気づいていなかったのだろうか。

りおんさんは、一年二ヵ月ほど前から〈カサブランカ〉で働いている。他の副業をしたことがなかったという彼女が、なぜいきなり風俗世界に飛び込んだのだろうか。

「主人は自営業で、美容院をやっています。収入が低くなったり上がったり波があって、これってなんか不安。人件費もかかります。『赤字で二軒目出すのはやめて』と約束はしてたんですけど、今、二軒目を出したばかりなんです。今はいいけど、この先、どうなるか分からないし、お金がなくなったら、主人も煮詰まってくる。『ああ、お金がない、お金がない』ってセカセカしてケンカして……。だったら、がっつり稼いで安定した生活を得て、皆が笑えるほうが、よっぽどいいと思うんですよ。で、限界があるかもしれない介護職より、看護師さんのほうが安定するかなと……」

いざとなったら、一人で子どもを育てていく覚悟でもいる。

「家に生活費を入れてくれとるわけだし、贅沢は言えんかなって。生活費以外のもの、たとえば自分の服が欲しい、美容院に行きたいっていうお金は、今は主人に言えないんです。美容師って、朝は普通に出て行くけど、夜はとても遅いんですね。だから美容院が上手くいくまでは、私もちょっと応援してもいいかなって。すごい矛盾した応援の仕方かもしれんけど、上手くいったらいったでいいと思うし」

相当、真面目な女性なのだと思った。

「働き者ですね」と私が言うと、

「でも、ぼちぼちですよ」

りおんさんは、クスリと笑った。眉の下まである前髪が、さらりと揺れた。

介護の仕事が休みの日と、夜勤明けに副業をする。普段は午後七時までは保育園で長男を預かってもらい、夜、風俗に出勤するときは「飲みに行ってくる」と嘘を言って出かける。留守の間、子どもは帰宅した夫が見ている。夫は、束縛するタイプでなく、「若いときじゃけぇ、楽しんだほうがいいよ」と、りおんさんが外出して遊ぶことに関して何も言わない。実際には遊ばず働いているわけだが、いずれにしても理解ある、いい夫だ。バレたら、それこそ大変なことになる。

「バレないように、頑張ってます。努力して」

笑ってはいるが、結構真剣な目をしてりおんさんは言った。それにしても初めての副業が、いきなり風俗なんて……。これほど綺麗ならば、風俗をしなくても、時給の高い他の仕事もあったかもしれないのに……。

「私も、まさか自分がやるとは思ってませんでした。思ってもなかったし、抵抗……より緊張のほうが大《おっ》きすぎて。子どもがいますと、飲み屋さんでは働けませんし。風俗だと、時間を自分で選べるんです。好きなときに出られる、いきなり出られる。朝からも働ける。正直、高収入っていうのもありますし……」

どんなに容姿端麗でも、いずれ飽きられる。だから、すごい努力はしている

りおんさんの場合、一日最低保証（お客がつかなくても保証される金額）が八千円で、フルタイム（午前八時から夜八時）で出た日は、七万円くらい稼いでいる。不景気から風俗料金まで下がってしまった今の時代で、一日最低保証が出るなんて、まずない。りおんさんは、最低でも月に六日は出勤するようにしているので、多少変動はあっても、月収五

十万円を確保している。もっとお客を取り、稼ぐことができるのだが、りおんさんの場合、二本仕事に行ったら、一時間は事務所で休憩したりと、体を意識しながらやっている。

「でないと笑顔が本気で出ない。笑顔がないと、お客さん帰ってこんけん。疲れて、気持ちが下がった無理な接客をして、お客さんを逃がしたくないから」

プロフェッショナルな言葉を遠慮がちに、けれどもしっかりと言った。そこまでしなくても副業なのだからと、私は内心思ったが、選ばれた女性だけが揃う一軍店で働くのは相当大変らしい。

広島市の〈カサブランカ・グループ〉に属する女性は約六百名。その中で一軍店〈カサブランカ〉に在籍する二十数名の一人であり続けることがとても大変なのだ。

「初めてお店に面接に行って、体験行ってみようかなという気になって『行きます！　行きます！』って言っておきながら、いざ服を脱ごうとしたら、（あ！　下着、上下バラバラだった）って気づいたんです。今じゃ上下ペアでない下着なんて考えられません。頭のなかは緊張してもう真っ白で、仕事の流れを何度も何度も復唱して確認して事務所を出たのに……」

教えられた〝流れ〟というのは、部屋にノックして入り、何分コースにするかお客に尋ねてから電話を事務所にする。コース名を店に伝えると、金額を言われるので復唱して、お客からお金を前金で貰う。それからサービスに入る。まずは、うがいをしてもらい、持参した店専用のボディソープで、お客の体を洗う。そこまでが前半の主な一連の流れだそうだ。

「それを何回も何回も復唱して確認し、教えて貰って事務所を出たんです。ドライバーさんに、『物忘れか！』って言われるくらい、すごい何回も聞き返して……。頭が真っ白なんですよ。すっごい緊張しました。終わって家に帰るとき、ものすごい吐き気がして吐いちゃいました。すごい緊張してたために、解けた瞬間の反動が、もっとすごかったんです」

そうして、りおんさんは初めて風俗で現金を得た。

そのときのことを今もしっかり覚えている。

「大《おっ》きい金額だけど、精神的にこんなにダメージを伴うんだって。いつまでたってもこの世界、慣れはないんですよ。ただ、その金額には私が慣れてしまったんかな。お客さんから貰った大切な大《おっ》きいお金なんです。じゃけど、こんだけ頑張らんと、このお金って続かないんだっていうのを最近、すごい感じてるんです」

りおんさんがそれを言うのには、ショッキングな理由がある。このインタビューの九ヵ月ほど前、ボウズ（指名のお客がゼロ）の日が発生したのだ。

「初め気がつかんかった。なんか空き時間がすっごい出るようになってきたんです。（これはまずいぞ）と思って、現役を卒業されてスタッフさんになった人に聞いたり、〈カサブランカ〉の先輩・サリナさんに聞いたりして、ちょっとずつ私なりに変えていったんです」

りおんさんの場合、夫がいるので、お客と「デートコース」に出ることができない。デートコースに出れば映画を観たり、ロングデートになるので売り上げが上がるし、リピートもかかりやすい。しかし、りおんさんは、ホテルの中でしか仕事ができない。ホテルの部屋の中だけで最高のサービスを提供できなければ一軍の〈カサブランカ〉嬢として、生き残れないのだ。

「だからたとえばお客さんに、ヘルスの行為が終わった後に、オイルマッサージをしてあげる。プレイが終わった後、残りの時間を、お話をして過ごして帰るんじゃなくて、次に繋げるために、ちゃんと何かをしてあげる。営業マンの人は車で移動されるから『これ、事故しちゃいけんけぇ。パワースポットに友達と行ってきたんだ』って、お守りを渡してあげたり。あと、家庭の味を食べられない人、奥さんおっても作ってもらえん人とかに、お菓子を作って持っていってあげるとか……」

「すごい努力！」

驚いた私が思わず口を挟んだのを遮って、

「それだけじゃ、ほんとはダメなんですよ。もっともっといろいろと考えんといけん。お弁当作るとか、ほんまそういうことしかできないんです。初め、ほんと何も努力してなかったんですよ、私」

りおんさんは、長い前髪越しに、眉を八の字に下げて真剣な眼差しを私に向けた。睫毛をエクステンションにしているのも、〈カサブランカ〉嬢でいるためだ。マスカラだと、お風呂に入ったときや、お客さんと接近して擦れたりすると、目の廻りが黒くなってしまう。それを避けるために睫毛にエクステンションをつけて長く美しく見せているという。

りおんさんは、介護の仕事もあるし、母親業や妻業も忙しく、お弁当を作る余裕などないのではないか。一軍の風俗嬢なのに、本当にそこまでしないといけないのだろうか。私は、りおんさんの隣に坐る〈カサブランカ・グループ〉の華さんに尋ねた。

「美人だし、スタイルいいし、言うことないし、最初は、うわーっとお客さんがつくけど、誰でも飽きがくるものなんです。だから、綺麗を維持するのも努力の一つ。綺麗な下着を身につけるために、皆、お金も費してるし、プレイも攻めから受け身にしたり、受け身から攻めに変えてみたり。最初は皆、「抜いて帰ればいい」って、軽く考えて接客をするけど、リピーターが減って、暇になったとき、〈これじゃいけんかった。もっといい接客しとけばよかった〉って気づいて努力するんです。一回は皆、挫折して学ぶんですよ。りおんちゃんは、今、まさに変わる努力をやっているところです。もっと気楽にやればいいんだけど、真面目すぎるから苦労すると思います」

風俗をやって気がついた、言われた通りにやるだけではダメだと

長年、風俗嬢の取材をしてきた私だったが、〈カサブランカ・グループ〉の中で、一軍で居続けることが、こんなにも面倒くさく大変だったとは知らなかった。しかし、りおんさんは、すぐに私の考えを否定した。

「お客さんが、ポロッと言うんですね。家の愚痴だったり、会社の愚痴だったり……。この仕事は、いっくら勉強してみても、ほんまに終わりがない。相手も違うし、人の感情も。あのときはこう思っとったけど、家に帰ったら違ったとか、変わるものだし。じゃけ、最高の接客業だなと思ってます」

りおんさんは、大きな目をキリリと輝かせた。

彼女はこの仕事が大好きなのだ。背筋をピンと伸ばして坐っている体全体が、そう言っているように私には見えた。りおんさんの性格ならば、きっと介護職のほうも一生懸命やっているに違いない。はたして、

「はい。頑張っています。昼間は高齢者です」

爽やかに言って、綺麗な並びの歯を見せた。

「半年ぐらい前に気づいたことなんですけど、まず、風俗に来られるお客さんって、抜くだけに来るわけじゃない。『癒しとか、どこか淋しいけ、来る』って、華さんから聞いたとき、（これって、老人と一緒かもしれん）って思ったんですよ。風俗って、お客さんの視線や会話から、私に対して何を求めてるんだろうっていうのに気づかないと、いい接客ができない。介護も一緒。〇〇さんは、私に何をして欲しいんじゃろって気づかないと。じゃけ、相手の求めてるものをいち早く理解して返してあげるのが、一番重要なんかなと思って……」

それは、ボウズが発生して以来、努力を一生懸命重ねているうちに気づいたという。

「言われた通りに、あれをした、これをしてみたじゃないんだと気づいたんです。相手をよくよく見てあげにゃいけんのんじゃと思った。介護のほうも、もっと早く気づけばよかった。こういう人生を歩んできて、こういう趣味のある人のために老後の生きがいを立ててあげるのもケアプラン。その人の求めとるものに早く気づいてあげて、それをしてあげることが、やっとちょっとずつできてきたんです」

昼も夜も、こんなに人のことを考え一生懸命仕事をし続けていては、いつか過労で倒れてしまいやしないか、私は心配にさえなってくる。なのに、そんなりおんさんの優しい気遣いや頑張りを介護の現場で、お爺ちゃんたちが台無しにしている。

「自分の性欲を抑えることや、自分の理性を保つことを忘れちゃってるのが認知症なんです。なんで、触り方がペロンじゃないんですよ。パンツ（制服のズボン）の上の後ろから、股の間に手がザクッと、いきなりきます。『特別料金もらわにゃいけん』とか、『奥さんにご連絡せにゃいけん』とか言って、ふざけて言ってあげますけど。病気がゆえで、こうなるんですから、悪意はないんですよ」

こういうことは、風俗で働くようになるずっと前から、「病気だから」と解釈して施設で許していたという。りおんさんは、話をしながらコロコロと笑い飛ばしている。その笑い方から、お爺ちゃんのエロぶりは日常的なのだと私は感じた。

「お年寄りを抱えたときに、私の胸のへんに頭がくるんですよね。お爺ちゃんが胸に顔をうずめて『フー』ってしてることあるけん。『落ちるけん、落ちるけ、○○さん、危ないよ』って言いながら……。まぁ、やられても、冗談で返すようにしてます。イヤだイヤだと思うとっても仕事にならんし、仕事できんし。仕事は私なりに真面目にしてます」

若くて美しい介護士の胸に顔を埋めて溺れそうになるほど興奮しているなんて、なんてラッキーなエロ爺ちゃんだろう。聞くには面白いが、実際に私がそれをされたら、気持ち悪くて、その瞬間にキレて、両手でお爺ちゃんを突き飛ばしているかもしれない。そうして私なら、きっと怒ったまま仕事を放って家に帰っていることだろう。こういうことも、施設内で事件や問題が勃発している原因の一つなのかもしれない。現に病院では、二五歳の看護師さんに抱きついた七九歳の入院男性が逮捕された。

りおんさんは笑って許してあげながら、しっかりと仕事をしている。まるで猛獣使いだ。私には絶対にできない。大体、認知症と言えども、利用者という立場を利用して女性をバカにしている。

お爺ちゃんたちは、女性の地位がまだ低かった時代に社会参加をしていた男性たちだ。もしかしたら、その頃の女性観を体が記憶しているのかもしれない。想像しただけで腹立たしいが、実はこれが現実なのだ。多くの介護士さんたちが、今日も笑顔で猛獣使いをしてくださっている。それでその本人はもちろんのこと、家族までもが助けられている。

〝いいもん持っとるねえ〟と男性介護職員をお風呂に誘うお婆ちゃん

「でも、お婆ちゃんもすごいんですよ」

りおんさんは、長いストレートヘアを揺らしながらクックッと笑った。気取ったところがまったくなく、大衆的な美女だ。広島弁で喋るところが、特に利用者さんに親近感を抱かせているのではないだろうか。

「お昼に若い男性職員と私が、仕事の真面目な話をしてたんですが、九五歳の認知症のお婆ちゃんが、それを見ていたんですね。夕方、そのお婆ちゃんがいきなり『あんた、私のこと抱いたくせに！　あんな娘《こ》と！』って、叫びながら、ホールのキッチンに入って包丁を持って、男性職員に向かってきたんです。他の職員が後ろからお婆ちゃんの体を止めました。それから、別のお婆ちゃんたちは、男性職員に向かってバンバン下ネタを言います。『せんせー。いいもん持っとるねぇ』って、触っちゃう。露骨にやりますよ。入浴介助のとき、『お兄ちゃんも一緒に入ろうや』って誘うお婆ちゃんもいるし。オドオドする男性職員もいますけど、大体は聞き流してますね」

りおんさんの特別養護老人ホームは、認知症でも、かなり元気な男女の利用者さんがいるようだ。エロいお爺ちゃん、お婆ちゃんが何人もいるわりには、施設内の雰囲気は明るいそうだ。職員さんたちの理解があるからではないだろうか。

「介護と風俗って、共通してるところが、いろいろあるって気がついたんです。それは、どれだけ無償で奉仕できるかってことですね。お給料貰っとるし、風俗《そっち》もお客さんからお金は貰っとる。でも、普通のサービス以上のサービスをいかにできるかが、両方とも大事だと思うんです。介護は介護でリスクマネジメント（様々な危険を最小の費用で食い止める経営管理活動）をちゃんとしていかんと事故に繋がる。風俗《そっち》も事故や、バレることがリスクだったり……。利用者さんもお客さんも、どんどんどんどんいろんなことを言ってくるし……。リスクを考えて、いかにホスピタリティ性（心のこもったおもてなし）のある仕事ができるかが共通なんかなぁと思って」

介護のほうのリスクはお爺ちゃん、お婆ちゃんのエロぶりもその一つだが、施設内なので限りもある。ところが、風俗のほうのリスクと言えば、まず「本番要求」が浮かぶ。ホテルの密室で、お客と風俗嬢との信頼関係によって仕事が成立するが、襲われる可能性だってないわけではない。

「(本番強要は)ありますね。初めのうちは『イヤ!』って、どストレートに断ってた。だけど最近は、言われないと、しっくりこないんですよ。(ウチって魅力ないんかな?)と思っちゃうんです。だから最近はサラッと、(あ、おはよう)って挨拶代わりに言ってきとるんだなと思えるし。三回断ってもまだ言ってきたら、『ちょっと店長にご報告せにゃいけん』って、笑いながら店に言いますね。それか、自分が体を動かして避け続けるか……」

聞いたことのある科白と思ったら、りおんさんが施設でエロ爺ちゃんに、「奥さんに連絡せにゃいけん」と笑いながら諭したのと、よく似ている。

しかし、裸で襲われそうになりながら、体をかわすことなんて、大変な技だ。大体、体の作りからして、女性は男性の本気の力にはかなわない。そこを上手くかわすことが、プロのデリヘル嬢ということなのか。

「最初は、稼げたら、それでいいやって思ってた。体も精神的にもきついけど、なんか普通に稼げるじゃんって思っとった。でも、『初めて〈カサブランカ〉を利用しました。りおんがきました。どうでもいい接客されました。〈カサブランカ〉って大したことないじゃん』って言われるような接客をしてしまったらいけんし、他の〈カサブランカ〉の女の子の仕事もなくなってしまう。夜の仕事は人生勉強。介護の仕事は、人生の先輩の相手で、やっぱり人生勉強なんです」

そこまで真剣に考えすぎなくてもと私なら思うが、やっぱり、りおんさんの根が真面目なのだろう。そして、六百名の中の二十数名しかいない一軍〈カサブランカ〉嬢の看板が、りおんさんに、さらなる責任を背負わせているのだ。

フニャフニャのままイクお爺ちゃんについ、介護士の私が顔を出す

風俗の仕事に行く日、りおんさんは、トレーナー、ジーンズ、スニーカーという昼の出勤ファッションでなく、スカートで出勤する。ときには家に一度帰って、スカートに着替える。下着は、ワコールのブランド〈サルート〉で、Tバック。風俗で働くようになってから、これまでの普通のパンツから、Tバックに替えたそうだ。これまでは上下セットで五千円程度だったが、サルートは上下セットの値段が一万円くらい高くなる。

何も知らない夫は、妻の美しい下着姿を見て、単純に喜んでいるという。

「朝、出勤前に着替えているところをたまたまダンナが見ちゃったんです。ピンクに黒のバラの刺繡のついている下着を。『お前、デリヘルかぁ！』って、露骨に言われました。美容院のお客さんって、風俗の子も飲み屋の子もホストもいろいるので、ダンナもある程度、知識があるんですよ。ドキッとしたけど『バッカじゃない？　こんな妊娠線があるのに、（デリヘル）できるわけないじゃない。何言いよるん？』と、ヘラヘラ笑って返したら『ほうやのぉ。ワシじゃったら絶対チェンジ。デリヘル嬢を帰すわ』って笑ってました。私がそこでマジな顔になったら、（あ、してる！）ってなるけ」

りおんさんはそこで言葉を切ってから、長い髪を左手で摑み、間《ま》を取った。

「申し訳ないなっていう気持ちが一番ですけど、隠し通さにゃいけんのが絶対ですよね。隠すんだったら隠さにゃいけん。お互いが幸せと思うんで、絶対」

ゆっくりと、言葉を選びながら言った。瞬きをしないその目に私は、揺るぎない決意を感じ取った。生真面目な彼女のことだ。この砦《とりで》だけは、何に変えても守り、隠し通すに違いない。

そういう賢妻であり、母であり、ケアワーカーでもあるりおんさんがデリヘル嬢に変身するその瞬間を尋ねると、

「送迎車に乗ったとき。（よし！　よし！）って、スイッチが切り替わるんです」

瞬きを繰り返した後、元の穏やかで美しいりおんさんに戻ってそう言った。

しかし、いくら切り替えをしても、昼間の職場と似たような年齢と容姿の「お爺ちゃんお客」が、指名をしてくることだってある。

先日は七十代後半の杖をついたお爺ちゃんにホテルに呼ばれたそうだ。

「多分、脳梗塞……。麻痺があったんですよ。それで私、初めて、お客さんの両手を引きながらお風呂場につれて行った。（入浴介助しに来たんかな）って思いながら。立っとくのも怖いけ。ホテルの椅子がスケベ椅子だったから、そこにお爺ちゃんを坐らせて、手で洗って流しました。立つのにお尻と腰の間《あいだ》らへんを持って、『よいしょ』って。あれは介護の経験がなかったら、できん」

白い歯を見せて笑った。余裕の表情だった。

りおんさんには、若い男性客が多いが、高齢者のお客さんも少なくない。

「お爺ちゃんは勃たずに、フニャフニャのままイク人が多いんです。片麻痺のある人は、あれこれ動けないから、自分が体をもっていってあげにゃいけんし。チューして首へ下りていって鎖骨を舐めてたら、寝とったお爺ちゃんが枕元にあるティッシュをいきなりババッと取って、バッと押さえてイッちゃって。そこから落ちついてもらうよう、温かいフェイスタオルを作って拭いてあげながら、お話をして……。つい、介護士の私が出そうになっちゃうのを隠しとかないと。お爺ちゃんは、男として自分の彼女みたいにしたかったのかもしれないし、非現実的に抜きに来たのかもしれないし」

夜のお客のことをお爺ちゃんとは、決して言わない。「〜くん」と、必ず下の名前で呼ぶ。介護士の仕事を出してしまったら、お茶を入れて入浴介助をし、お話をして、痴呆予防的な手遊びなどをして一緒に帰るというコースになってしまい、〈カサブランカ〉のサービスが一切なくなってしまう。

「六十分、一万六千五百円。一ヵ月にその金額を出したら、デイサービスに週に四回は行ける(＊1)。介護保険も使えないし……。でも、六十代でも（あれ?）って話の展開やつじつまが合わないお客さんもいます。これ以上、認知症のお客さんが増えてきたら、どうなっちゃうか……。『お願いじゃけ、電話した店舗名だけは覚えといてね』と思う」

予約の電話を入れはしたものの、どこの店にかけたか覚えていないという認知症の入ったお客のケースが増えてきたと、華さんは言う。

デリヘル嬢を指名した後、ホテルにチェックインして部屋番号が決まったら、再度、連絡を入れなくてはいけないのに、かけてこない。店から携帯にかけると、「わし、かけた?」と覚えていなかったり、ずっと一人で待ち続けていたりするお客もいるそうだ。それでも、若い女の子と肌を合わせたいという欲求だけは、しっかりと残っているのだ。男性の本能に、改めて驚かされる。

一番値段の高い一軍店〈カサブランカ〉のお客なのだから、「いいお客さん」ばかりと、私は勝手に想像していたが、そうとは限らないようだ。

「汚いとか臭いがあるとか、本人が気づいていないお客さんもいます。きっちり洗います。抵抗を感じるより、自分が思う存分きれいにして接客するのが一番と思って。お客さんの爪が長かったら、切ってあげてからお風呂に入る。お風呂に入ったら、そのままベッドに行きたがるけ、先に切ります。自分の身を守るためにも。汗臭い人は、お風呂上がった後に『これ塗ったら、めっちゃいいんよ、お肌が』と言って、持って来たデイローションを塗ってしまいます。そしたら自分が一番接客しやすくなります。その代わり、終わってお風呂入るときも、しっかり洗ってあげます。臭いを残したまま家に帰らすわけにはいかんけ」

一分たりとも、〈カサブランカ〉嬢として手抜きをしていない、りおんさんのサービスぶりがうかがえる。さすがとしか言いようがない。これは六十分、一万六千五百円以上の相当なサービスだと私には思えてならない。

この分だと近い将来、りおんさんの働く特別養護老人ホームに入所するリピーター客も現われるかもしれない。そこで昼の姿を見たら、心臓が飛び出しそうなほど驚くに違いない。私がそのことを言うと、りおんさんは、スレンダーな体を揺らしながら笑った。

「間違いなく、それはあるかもしれない」

結構強い口調だった。そう思えそうな特別養護老人ホーム候補のリピーターでもいるのだろうか。

「そのときは、笑って流しますよ。向こうが気づいて何か言ってきたら『その人とよく似とるん？』って、笑って言うかもしれん」

即答だった。

りおんさんは、あと二年は今の施設で働くつもりでいる。順調に行けば、その二年で目標額に到達し、看護師学校に行けるからだ。

「とりあえず准看《じゅんかん》（准看護師）の二年分の学費と、その間に何があってもいいお金、プラス生活費。八百万は絶対に必要だなと思っているんです。今？　三百五十万（円）です。通帳は分からないように隠してます」

りおんさんのことだ。絶対に家族に分からない場所に隠しているはずだ。しかし、結婚しているのだから、本来なら何があってもいいお金や生活費、学費さえ、夫が出しても出しすぎということはないと私は思う。二店舗の美容院経営という夫の野望を理解し、陰でフォローしながら、りおんさんは、さらに自分の夢は自分で叶えようと稼いでいる。

副業をしている妻たちは、本当によく働く。

それをまったく知らないでいる夫たちは、真の幸せ者なのか、それとも、愚か者なのか。

今の時代、本当に頼れるのは女性なのだと、私はこの取材を通じて改めて実感した。

しかし、そういう副業をしている女性たちも給料がもう少し高かったら、介護職一本で生活したり子育てをしたり、そして夢に向かって進んでいくことができるのではないだろうか。副業までやっている女性たちは、積極的で前向きな性格なのだと思う。そうでない多くの人々が、その職場でさらにやる気を出し、安全にしっかりと仕事ができ、輝いた女性でいるためには、改善すべきことがたくさんあると私は思う。

お金が世の中すべてではない。でも、お金もやる気に作用することは間違いない事実なのだ。

＊1　**週に四回行ける**　デイサービス料金は施設や要介護度により違ってくる。りおんさんの発言の「週四回で月に十六回」というのは、利用料金自己負担日額が約千円として計算。

あとがき

「あとがき」から最初に読み始めた方のために、再度ここで、断っておきたい。この本は、介護職の女性＝デリヘル嬢をしていると言っているのではない。また、風俗レポートの本でもない。ではなぜ、このようなタイトルの本を書いたのかというと、介護の本当の現場を一人でも多くの人々に知ってもらいたかったからだ。ただその一念で、三年の時間を費やして、取材と執筆をしてきた。

しとやかに美しい花を咲かせた桜を見る度、私の脳裏に桜の下での笑顔の一シーンが蘇る。

その日、私は、甲子園球場のすぐ近くにあるマンションの一室を訪問看護師の青木さん（仮名）と一緒に訪れていた。その日はＡＬＳ（筋萎縮性側索硬化症）という、筋肉がだんだん痩せてなくなっていくという病気で寝たきりの男性・田島さん（仮名・七六歳）との八回目の花見の日だった。

田島さんは、自分で体を動かせないので、寝ているときさえ、体位一つ変えられない。

また気管を切開しているので喋ることもできない。桜を見下ろせる窓のすぐ横のベッドに寝ていても、体を動かすことがまったくできないので、毎年、マンション前の歩道で咲いている桜を皆で見に行くのだ。田島さんの妻（七十歳）、娘（三九歳）だけでなく、ヘルパーさん、理学療法士、二人の訪問看護師さんと、その上司が、リクライニング式車椅子に田島さんを寝かせ、肺の代わりになるアンピューバッグを持って、わずか十分の花見のために大移動する。動かすことのできる目だけを嬉しそうに綻ばせる田島さんの顔の隣で、一緒に見上げた桜の美しさは、三年経った今でも忘れることができない。

巨人対阪神戦のゴーッというすごい歓声を間近で聞きながら、道行く他人まで巻き込んで桜の下、写真撮影をした。皆で笑い合う幸せな風景の中に私も加えてもらいながら、たった十分、一人の患者さんが花見をするために、五人のプロフェッショナルな人の力を必要としていることに驚いていた。

その田島さん家族が、性的問題を抱えていたとは、お花見の後で聞いたことだった。田島さんが、ヘルパーさんに対して、卑猥な言葉を発したり（気管切開前）、トイレの世話をしているときに射精したりするので、ヘルパーさんが次々と辞めてしまうというのだ。気管切開をして喋れなくなったら、今度は文字盤で、「胸見せて」とか「もっと触って」などセクハラ言葉をヘルパーさんに言ってくる。

その事実を知った娘は、驚愕した。父親は国家公務員でエリート畑を歩いてきたカタブツだった。そういう父親が欲情をヘルパーさんに剝き出しにしている。このままでは、ヘルパーさんに迷惑をかけ、来てもらえなくなってしまうと心配して、妻と娘が話し合っても解決することができなかった。そこで青木看護師さんに相談したところ、

「こういうことをするのは、田島さん一人じゃないから。お母さん、エアマット（ベッド）に二人乗っても大丈夫よ」

と、夫と性行為をすることを勧められたという。そこまではできないけれどもと、妻は何回か、手で処理してやった。

娘がトイレの世話をしているときに体が反応してしまい、処理してやろうとすると、父親はさすがに恥ずかしがって強く目で拒否をした。以来、娘は父親に極力話しかけ、これまで欠けていたスキンシップをするよう心がけるようになった。その結果、父親も優しくなった。体が動かないストレスも大きかったのかもしれない。

何人も辞めていったヘルパーさんだが、最近では上手くかわしてくれる人や、「しゃあないねん。そんなん誰でもあることやから、そういうのは流したらええねん」と、病気を理解して処理してくれる女性が介護をしてくれている。

田島さん宅のリビングルームは、ベッドとテレビ、机しかなく、病室になっている。その机の上には、娘手製のプロ野球ナイター時間表が貼ってある。田島さんは、大の阪神ファンだ。その机の上には、十三もの介護サービスの会社名の貼られた書類棚が置かれてい

た。

桜を見上げ、澄んだ目を細める田島さんの性的問題、十三もの介護会社のヘルパーさんたち、「父が、ヘルパーさんにそんなやらしいこと言うわけない！」と、涙を溜めながら語った娘……私の頭の中で次々と交差する。田島さんの笑った目に見送られ、戸外に出た瞬間、私は、介護職の人と、高齢者の性的現状について、取材してみたいと思った。

桜はまさに、本書の原点となった。

そこから、介護について取材を進めていくうち、介護職の賃金の安さ、職業地位の低さ、そして離職率の高さと、仕事のハードさに気がついた。さらに取材が広がっていくと、それでもこの仕事が好きで、３Ｋ（汚い、きつい、危険）であるにもかかわらず、頑張って働きながら高齢者や病人をサポートしている多くの介護職の人々の存在を知ることができた。それまでは漠然と、介護に関して手当り次第に取材をしてきた私だった。が、ようやく私の目指す道が見えてきた。安い賃金から、副業をしている介護士さんたちがいること、そして中には風俗嬢をしてまで介護職をしている女性がいることも分かってきたからだった。

風俗を取材すると、日本の縮図が見えてくる——三十年にわたって風俗の世界をも取材し続けてきた私の自論である。

副業で風俗をしている女性を取材すれば、介護の世界の一面も見えてくるのではないか。そう気づいてからは、風俗副業をしている介護職の女性に絞って、取材をすることにした。場所により物価や生活レベルの違いがあるため、東京を含む関東、関西、仙台、福岡、広島……と、場所を換え、多くの女性たちから話を聞かせてもらった。

紙面の都合で、この本には載せることができなくなってしまったが、十五年前に離婚をし、スーパーのレジ打ちとファーストフードのダブルパートをした後、高齢者賃貸住宅でヘルパーをしながら、週一、〈カサブランカ・グループ〉でデリヘル嬢をして、三人の子供を育てた広島の女性、和歌さん（仕事名・五十歳）もいる。和歌さんは施設で、歩行器を押しながら、よろけたフリをして利用者さんが抱きついてきたり、パジャマのボタンかけをしているときに「チューしようや、ええじゃん」と、胸を揉まれたり、日常のようにセクハラを受けている。中には、和歌さんに対して夫のやるエロ行為を、妻が見ないフリ、聞こえないフリをしているという夫婦利用者さんもいる。

「デリヘル《お》の《店》ほうは、奥様が亡くなると、すぐ利用されるお爺ちゃんが多いんです。四九日も待てないで来てしまう。『淋しいんよ』って、皆さんおっしゃっています」

眉を八の字にして語った和歌さんのせつない言葉が、私の心に重く染み入ってきた。

また、特養でヘルパーさんをしながら、週一回、オムツ生活をしている九二歳の男性の一人暮らしの家を訪れ、専属風俗嬢として、その都度、一万円を貰っている東京の女性もいた。

「九二歳だから生きてるかどうか心配で、会わない日はできるだけ電話をするようにしてるんだけど、二日電話しないと『会いたいよう。愛してる』って電話がかかってくるんです。お金持ってる夫婦は、遊び方が違うんですね。池袋の駅で、『ウチの夫《ひと》と遊んでやってください』って、私に声を掛けてくる奥さんとかいますから。奥さんから一万円貰って、大学の先生だったという八十代のダンナさんとホテルへ行ってあげました」

と、驚愕の事実を語ってくれた。


一年前に別居した後、〈五十路〉で週二回働くようになったという重症者心身障がい児（者）施設でヘルパーをしている神田京子さん（仕事名・四九歳）もいる。別居後、夫から生活費が断たれ、月収十七万円では生活できないと、時間が短く高収入の風俗にいきなり入ってしまったという。

「重度の肢体不自由と知的障がいとを持った方の病棟で介護の仕事をしています。この仕事？　やっぱり好きなのかなぁ？　あまりに疲れたときは、ちょっと暴言吐いちゃったこともあって、（ああ、いけんいけん）と、優しく頑張って介護してあげようと思い直します。でも、この仕事ストレス溜まりますよね。一生懸命になりすぎて、のめり込んでしまって、別の世界《ホテル》で仕事してストレス解消をして、また介護の仕事を頑張っているようなところもあります」

別居の原因は、仕事疲れから家でぐったりの日が続き、妻業を十分にできなかったからと、京子さんは言う。ところが結局、介護の仕事もデリヘルの仕事も、かなり頑張って働いている。お世話好きでのめり込む性格は変わらないようだ。


その他にも、自宅から介護施設への送迎バス内で働くヘルパーさんをしながら、月収が六万円前後と安いため、都内ウインズ（場外馬券売り場）の受付と、六十歳以上の男性専用デリヘル〈こころあわせ〉とで週一働いている四十歳の人妻、彩香さん（仕事名）もいる。

デイサービスに通っている八三歳の母親にお金がかかりすぎるため、夫に内緒で風俗をやっているそうだ。再婚同士なので、夫に対してよけいに遠慮や心遣いがあるのだろう。

「今はね、介護をされる人が介護する時代です。私の母親もそうだし、みんな高齢化しちゃって……。大変だけど、私が介護の仕事をしているのは、人のお世話が好きで、人と関わっていたいからなんです」

頬をピンクに染めながら彩香さんは、三十代に見える童顔に笑みを浮かべた。

また、特養でヘルパーをしているが、月収十三万円程度では共働きでも東京では暮らしていけず、一回手取り六千円という超格安デリヘルでも働いている公立大学卒のインテリ美女妻もいた。

取材を進めるうち、十九歳から二年間、東京吉原のソープで月に二百万円を稼ぎ、その後はデリヘルで十年間、月収百万円前後を稼いでいたという元風俗嬢・谷本さん（仮名・三三歳）にも出会った。専門学校へ行って資格を取り、二年前から介護福祉士として都内の区立病院で働いている。

月収は、ソープ時代の十分の一、二十万円前後に減ってしまったが、「どんな人が来るか、常に怖さを伴う風俗には、お金は高くても、もう戻ろうとは思わない」と、決心は固い。「もっと介護職の人が足りていれば、利用者さん一人一人にかかれる時間も長くなれるから、賃金は上げるべき」と、仕事帰りの谷本さんは、シビアな考えを述べていた。谷本さんの働く区の老健でも、入居待ち時間が短くて数年という酷さだという。

他にも多くの副業をする介護職の女性たちに出会うことができた。皆、この仕事が好きだと、私に言った。

介護の仕事がキツすぎて、肩や腰や心を壊し、仕方なく働けなくなった女性たちもいたが、治ったらまた働きたいと、皆笑顔で言う。

この国は、人のお世話をすることが好きという人々に恵まれている。けれども、仕事である以上、その優しさに国や世間が甘えているばかりではいられない。

二〇一六年四月一日現在、日本の総人口が一億二六九八万人で、そのうち約三四三五万人もが六五歳以上の高齢者。およそ四人に一人が高齢者なのである。それほど高齢化が進んでいるにもかかわらず、高齢者に対する政策やサポート、また高齢者向け商品開発などが進んでいかないのはどうしてだろうか。高齢者向けのファッション、雑誌、TV番組、飲食店、遊び、性産業……。なぜか、おきざりにされている。

国会議員の先生方は、将来、介護をしてくれる人やお金などに恵まれているせいか、どうも介護政策に対し、危機感や重要視に欠けているように感じられる。

四人に一人が高齢者というのに、介護大臣が生まれる兆しさえないのは、どうしてだろうか。

施設に入ってしまったり、病院に入院すれば、選挙に行けなくなるので、高齢者たちを〝いない者〟として切り捨てているのだろうか。

だからこそ、切り捨てた人々をお世話する介護職と、その職に就いている人々に対しても、敬意が払われにくく、介護職自体の地位が上がらないのかもしれない。

平成二七年、介護職員の賃金を補塡《ほてん》し、労働環境を改善するために、介護職員処遇改善加算として平均月一万二千円の給料アップが見込まれた。が、〈介護求人サイト〉を調べていくと、処遇加算の分配方法は、施設などの管理者に任せられているため、職場や職員によって支給額が異なり、月給が増えてもボーナスが減って、年収が減ってしまう人もいるという。

介護の現場を見学した私は、3K（汚い、きつい、危険）な仕事だと思った。

3Kという言葉は一九八九年、流行語大賞にノミネートされた言葉で、若者が3K職業を嫌うので、人材不足になっているという時代背景があった。その頃の3Kには、介護職が入っていなかった。介護保険法が施行され、介護職が世の中で認知されてきたのは、もっと後の二〇〇〇年のことである。

多くの人が将来、お世話にならなくてはいけない介護職の人々は、この国の宝だと思う。だからこそ、賃金も地位も上げて、働きやすい環境を提供できるように、どの職場でもならなければいけない。必ず必要とされている職業だけに、介護の技術向上とメンタルケアを充実させ、整った職場環境の下で、プロフェッショナルとして、全員がレベルアップしていく必要があるのではないかと思う。

「女性が輝く日本」を作るために、介護職に就けば失業から救われると国が考えるのは、あまりに早計ではないだろうか。

この一連の介護の取材を通じて再認識したことは、日本の女性は、とても頑張っているということだった。子育てのためや、生活費のために、内緒で副業までして頑張っている。中には、自由に出勤できて、短い時間で効率よく稼げるからと風俗を副業にしている女性たちもいた。離婚して子どもに内緒で働いている風俗お母さんもいれば、夫の稼ぎが足らなくて生活費支援のため働いている風俗妻もいた。夜や休日に風俗で働いていても夫が気がつかないとは、今、夫族はどうなってしまったのだろうか。取材していて疑問が募った。妻が、夜勤や、飲みに行くと嘘を重ねて風俗に稼ぎに行っても、信じてしまう夫たちは、それほど妻の心に鈍感になってしまったのだろうか。

かつては、若くて独身で容姿の綺麗な女性しか主に働けないのが風俗で、フードル（風俗業界でのアイドル）が誕生し、メディアをにぎわすほど華やかな世界だった。親や夫の借金や、自分のカード借金、水商売で客から取り損ねた借金のせいで、自己破産したくない女性たちが、仕方なく一大決心をして風俗業界に入っていった。風俗の敷居も高かったが、女性の値段もかなり高かった。

だから、覚悟が要るだけに、一生懸命働けば、莫大な借金も返すことができるほど稼げた。人妻風俗嬢は珍しく、そういう女性は希少で面白いと、私は見つけるとすぐ取材に走ったものだった。

ところが今は、多くの人妻がアルバイト感覚で風俗嬢をしている。四十代、五十代で風俗嬢など、風俗のバブル時代には考えられなかったことだ。女性にとってハードルが低くなった風俗世界では、値段も下がってしまった。それでも多くの女性が、風俗業界で働いている。夫や子どもにバレたら人生が変わってしまう。それでも、見知らぬ男性の欲情処理をするという大変な賭けともいえる仕事を低くなった報酬でしている。表世界の仕事に比べたら確かに、短期間で高収入ではあるが、バブル時代のように湧いてくるほど風俗でお金は稼げない。ところが、本文中に登場する〈カサブランカ・グループ〉では、卒業生が約四千五百人も存在する。

六五歳以上で元気な男性が増え続けているため、風俗で働ける女性の年齢も伸びて、熟女が大活躍して予約が取れないくらい大ウケをしている時代がきている。

容姿、ファッションともに、いわゆる「おばさん」だった女性が風俗嬢になって指名をこなすうち、失いかけていた女性としての自信がよみがえってくる。金銭的にも余裕が生まれたことによって、自分を引き立たせる下着やファッション、化粧品などを使うことにより、さらに女として磨きがかかり、綺麗になっていく。女性が「女」として認められていると自覚することは、相当、美とアンチエイジングに影響を及ぼすものらしい。

女性が美しくなって輝くことは、とてもいいことだが、安倍首相は、そういう意味で「女性が輝く日本」政策を打ち出したわけではない。

本業で女性に輝いてもらいたいはずなのに、このままでは本業で女性が輝けない日本に成り下がってしまう。副業をしている人々は、ひと握りではあるが、どの職業でも、そして男性女性、性別に限らず、人々が輝いて働けるような職場という土台を作ることがまず大切だと私は思う。クレームが集まってきたから黙らせるために、保育士さんや介護士さんにお金をばらまくだけでは解決に結びつかないのだ。「最も生かしきれていない人材」のいる介護の現場をもっともっと多くの人々に知ってもらいたい。

私の取材は、この思いから始まったが、取材が終わった今も、結局、思いが強くなっただけで、現実は変わってはいない。

そしてもう一つ、取材をする上で、浮かび上がってきた問題がある。四人に一人が高齢者というこの国で、見ないフリをしてきた性の問題だった。高齢者に性欲はないものと、この件については無視をされ続けてきたが、「性の難民」が高齢者の間で増えているのも現実である。

自分がそういう年になっていないから分からないが、体は老いていっても、認知症でなければ、心のほうは死ぬ直前まで成長をし続けられるものらしい。だから恋もしたいし、いろいろと意欲や希望も湧いてくるし、体はしぼんでも、個人差で性欲の衰えない人々もいる。それが人間として、当たり前のことなのだと思うが、高齢者に関しては、ずっとこの国では蓋をされてきたように思える。

施設でも、風俗でも、一部の高齢者たちの下半身が助けられているというこの現実を無視していていいのだろうか。「性欲はないもの」として国や施設が捉えて逃げていると、今に高齢者による痴漢やレイプなど性犯罪が、若い男性のそれと同じように町で起こる時代もやってくる。

介護職の取材をするうち、利用者さんの性欲というものが明るみに出てきてしまったが、この件については、本書だけでは書ききれず、さらに取材を重ねて行きたいと思っている。


私は、もがいている女性や、頑張ろうとしている女性、悩んでいる女性が、気楽に立ち寄り話を聞いてあげられて、爽やかに帰ってもらえるような「ミニ駆け込み寺」を作りたいと思って、僧侶になった。

お寺の話は、いろいろといただくが、まだ修行も必要と、今は私自身が「歩くお寺」になって、全国を巡ったり、四国歩き遍路修行を繰り返したり、高野山に駐在して、高野山本山布教師として布教法話をさせていただいている。

取材を通じて、また相談に来られた多くの人々を通じて、煩悩は、無理してなくす必要はないと私は考えるようになった。煩悩は、あるから苦しむ原因にもなるが、煩悩があるからこそ、頑張ろうという元気の素にもなれる。煩悩は、ある程度、自然であり、人にとって必要なものだと思う。

しかし、この一連の取材を進めるにつれ、明るみになってきた性欲という煩悩に関しては、どうしたらいいのだろうと、実は悩みの種になっている。

私自身がまだ想像がつかないのだ。多くの国民が、介護や高齢者と真剣に向き合っていないのも、経験がないからという理由からかもしれない。古い時代から、これまで日本社会は、高齢者や病人を切り捨て続けてきた。施設や病院に入り、選挙に行けない人々を国が排除してきたことも、切り捨てられ続けた原因の一つであろう。

しかしながら、年齢が増えて体がガタピシ言うようになっても、認知症以外、心の働きのほうは衰えないのが人なのだと、私は推察する。年齢が高いからといって、いろいろな欲望や願望という煩悩を断ち切ったり、諦めたりできるというものではない。意識というものは、人である以上、誰もが生まれたときから持っているので、高齢者だからと切り捨てられないのだ。自分がその年齢に達したとき、初めてそれに気がついても遅い。だからこそ今、介護に対しても高齢者に対しても、「思いやりある意識改革」をする必要があると思う。

仏教では、「四苦八苦」の苦しみが誰にでもあるとされている。「生・老・病・死」が四苦で、介護の世界では、「老・病・死」の苦しみを看ることになる。そして、残りの四苦の中に「五蘊盛苦《ごうんじょうく》」という苦しみがある。これは性欲をはじめ、諸々の願望などを体が満たしてくれない苦しみのことも含んでいる。

まずは、「年だから」と、ナンバーで判断したり、ひとまとめにする年齢差別というものをなくし、その人その人の人生や考え方を尊重してあげる世の中に変わったら、高齢者と呼ばれる人々も楽になれるのではないだろうか。この世に生を受けた以上、人は命ある限り、生き抜かなければならない。「ああ、よかった」「ありがとう」と言って、この世の幕を閉じるために、介護はとても重要な役割を担っている。

私も世話をして下さった人々や、生まれたときから同行二人《どうぎょうににん》でつき合ってくれた体にお礼を言って、命の幕を閉じたい。それがいつのことか、人は命の幕を閉じる時期を知らされていないので分からないが、そのときまでには、介護職の人々が、もっと改善されたよりよい現場で働けるようになって欲しいと願わずにはいられない。

二〇一五年、日本人の平均寿命は男性が八〇・〇五歳、女性が八六・八三歳となった。ところが健康寿命で考えてみると男性が九・三九年、女性が一一・二七年も平均寿命まで介護を必要とすることになる。

約十年の介護生活をあなたはどう生きて、生き抜きたいですか？

どう介護され、最期の幕を閉じていきたいですか？

介護は先の話ではない。親や夫、子どもが関わってくる問題として、たった今から介護に関心を持ってもらいたい。

今回の取材にあたり、多くの介護職の女性たち、そして、施設や病院、〈カサブランカ・グループ〉〈こころあわせ〉をはじめ風俗店など、多くの方々にご協力いただきました。厚くお礼を申し上げます。

家田荘子（いえだしょうこ）

作家・高野山真言宗僧侶（高野山本山布教師・大僧都）

日本大学芸術学部放送学科卒業、高野山大学大学院修士課程修了。

女優、ＯＬなど十以上の職歴を経て作家になる。一九九一年、『私を抱いてそしてキスして―エイズ患者と過ごした一年の壮絶記録』で大宅壮一ノンフィクション賞受賞。

二〇〇七年、高野山大学にて伝法灌頂《でんぼうかんじょう》を受け、僧侶に。住職の資格を持つ。高野山の奥の院、または総本山金剛峯寺にて駐在（不定期）し、法話を行っている。

著作は『極道の妻たち』®、『歌舞伎町シノギの人々』、『四国八十八ヵ所つなぎ遍路』など一三一作品。近著は、『女性のための般若心経』（サンマーク出版）、『妻のいる男《ひと》の愛し方』（大和出版）、『少女犯罪』（ポプラ社）など。

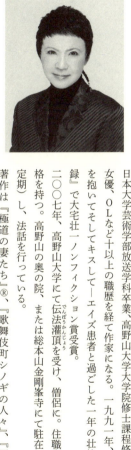

私は絶対許さない

15歳で集団レイプされた少女が風俗嬢になり、さらに看護師になった理由

雪村葉子 著

15歳の元日。私の心は死んだ。彼らを殺すことだけを考え、故郷を捨て、整形をして、風俗嬢の道を選んだ。快楽に生きて男を虜にすることも、ひとつの復讐なのだ——彼女の生き方を、否定できますか?　性犯罪被害者本人が赤裸々に綴った話題の手記。解説:和田秀樹(精神科医)。

●四六判　240頁/本体1400円+税

ママの仕事はデリヘル嬢

長谷川 華 著

たくさんの出会いから、私はデリヘル業界の良いところも悪いところも教えてもらいました……知っているようで知らないデリヘルの世界の光と影。中国地方NO.1の規模を持つ、カサブランカグループ話題の女社長・長谷川華の波乱万丈一代記。心に影を持つ女の子達を、放っておけないから。

●四六判　296頁/本体1429円+税

私は障害者向けのデリヘル嬢

大森みゆき 著

風俗の経験6ヵ月。介護の経験ゼロの私が出会った障害者の性の現実。寝たきりの人、オムツをつけている人、意思の疎通ができない人、目の見えない人…それぞれのお客様が求めているものに、どう対応をしていけばいいのか?　障がいを持っている人の性を無視して福祉は語れない!

●四六判　224頁/本体1238円+税

ブックマン社のロングセラー

マンガで読む
メンタルクリニック診察室
心の病の治し方

岡田尊司 原作

『母という病』『夫婦という病』などで話題のベストセラー精神科医・岡田尊司作品、初のコミック化！　舞台は開院したてのクリニック。心の悩みを抱えたさまざまな人が、今日も診察室を訪れる。心の問題の根源は、本人も気づかない家族との歪み……？あなたの苦悩を解決するヒント満載。

●A5判　224頁／本体1300円＋税

ばあちゃん、介護施設を間違えたらもっとボケるで！

長尾和宏×丸尾多重子 著

なぜ、歩いて施設に入所したのにたった数カ月で寝たきりになるの？　多くの在宅患者を診てきた長尾医師と、関西介護界のゴッドマザー、丸尾多重子さんが、認知症治療と介護現場の不都合な真実を暴く！その施設に大切な家族を入れて本当に大丈夫？危ない施設のチェックリストつき。

●四六判　208頁／本体1300円＋税

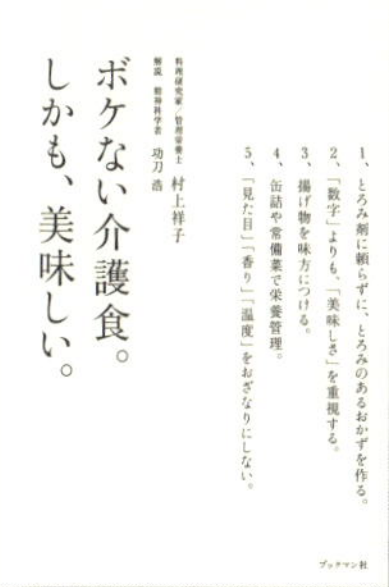

ボケない介護食。しかも、美味しい。

村上祥子 著

たまねぎ氷でも大注目の人気料理家による話題の介護食教室が一冊に。誤嚥を怖がって、とろみ食ばかりでは食べる気力を失います。特別に何かを作るのではなく、家族皆で食べられる、手間なし＆画期的なレシピの数々。美味しく栄養を摂れば、認知症の進行はゆるやかに。認知症予防にも最適。

●A5判　136頁／本体1200円＋税

本体価格はすべて税別です。こちらで紹介した本は添付の読者カードからもご注文できます。

あわせてブックマン社のホームページも御覧ください。

昼、介護職。夜、デリヘル嬢。

二〇一六年六月二十九日　初版第一刷発行
二〇一六年九月二十八日　初版第二刷発行

著者――家田荘子

カバーデザイン　片岡忠彦
本文デザイン　谷敦（アーティザンカンパニー）
協力　木谷真規（エクセリング）
Special thanks　長谷川華（カサブランカ・グループ）
七瀬詩織（中高年専用デリヘル　こころあわせ）
「愛してるって言葉でいって」
編集　小宮亜里　黒澤麻子

発行者――田中幹男
発行所――株式会社ブックマン社
〒一〇一―〇〇六五　千代田区西神田三―三―五
TEL　〇三―三二三七―七七七七
FAX　〇三―五二二六―九五九九
http://www.bookman.co.jp

印刷・製本――誠宏印刷株式会社

© SHOKO IEDA, BOOKMAN-SHA 2016
ISBN 978-4-89308-859-8
定価はカバーに表示してあります。乱丁・落丁本はお取替えいたします。
本書の一部あるいは全部を無断で複写複製及び転載することは、法律で認められた場合を除き著作権の侵害となります。